KB002097

新選明文東洋古典大系

新完譯
한글판

論 語

張基槿 譯著

明文堂

〔上〕 **관복(官服)의 공자상(孔子像)** 어린 나이에 부모를 여읜 공자는 여러 가지 잡역(雜役)을 했으며 각 나라를 유랑하던 끝에 50세가 지나서야 조국 노(魯)나라에서 사구(司寇 : 법무장관) 벼슬을 한 적이 있었다. 그 무렵의 공자를 나타낸 것인 듯하다. 공자상은 각 지역에 있는데 관복 차림으로 앉아 있는 것은 드물다. 명대(明代)의 작품으로서 청동제(靑銅製)(파리 기메박물관 소장).

〔下〕 **곡부(曲阜)의 공림(孔林)** 산동성(山東省) 곡부에 있는 공자의 묘소(墓所)로서 지성림(至聖林), 또는 공리(孔里)라고도 한다. 사수(泗水)와 수수(洙水) 사이의 넓은 묘역으로서 수십종의 수목이 무성하게 자라고 있다. 공자의 제자들이 각각 출신지에서 가져다 심은 나무라고 하는데 가시가 있는 나무는 없다고 한다. 묘역에는 숱한 비석이 서있다.

〔上〕 **논어언해**(論語諺解) 한글로 풀이한 《논어언해》는 조선조 세조(世祖) 때에 이미 발간되어, 부녀자와 서민들도 읽게 했었다(국립박물관 소장).

〔下〕 **하늘은 나에게 덕**(德)**을 주셨다** 공자는 편력(遍歷) 도중 큰 나무 아래서 강의를 했다. 송(宋)나라 환퇴(桓魋)가 공자를 죽이려고 큰 나무를 찍어서 넘어뜨렸다. 그때 공자는 '하늘이 나에게 덕을 주셨거늘 환퇴가 나를 어떻게 하랴?'며 태연했다. 19세기 초의 그림(파리국립도서관 소장).

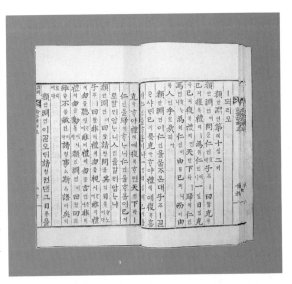

〔上〕 **금상감난서동관**(金象嵌欒書銅罐) 공자와 같은 시대를 살았던 진경공(晉景公 : 기원전 599~581)의 제사용 술항아리(중국역사박물관 소장).

〔中〕 **편종**(編鐘) 증후을묘(曾侯乙墓)에서 출토 지금까지 발견된 편종 중 제일 큰 것임. 전체의 무게 2.5t, 높이는 153.4cm에서 20.4cm까지, 무게 203.6kg에서 2.4kg의 편종까지 갖가지의 편종으로 되어 있다.

〔下〕 **편종의 연주 정경**(情景)

한글판 논어를 출간하면서

오늘의 세계는 혹심한 이기주의와 금전만능주의와 무력주의에 빠졌으며, 그 결과 인류는 혹심한 위기에 허덕이고 있다.

하루 빨리, 개인이나 국가가 정신의 존엄성과, 윤리 도덕을 되찾고 사랑과 평화의 공동체를 창건해야 한다. 그러기 위해서는 모든 사람들이 경전(經典)을 읽고, 그 진리를 깨닫고, 실천해야 한다.

세계가 가장 높이는 '3대 경전(三大經典)'은 곧 '유교의 《논어》, 불교의 《불경》 및 기독교의 《성경》'이다.

그 중에도 《논어》는 우리 겨레와 나라의 문화와 전통에 절대적인 영향을 준 정신과 지혜가 응결되어 있다. 동시에 《논어》는 개개인의 처세의 보전(寶典)이기도 하다.

모든 사람들이 《논어》를 읽고, 그 가르침을 각자가 따르고 실천해야 한다. 그래야 인간의 존엄성을 되찾고, 사람이 사람답게 살고, 가정에 사랑과 행복이 넘치고, 나라와 세계가 바르게 다스려지고, 인류가 하나되어 사랑이 넘치고 함께 행복을 누리게 될 것이다.

이와 같은 소망으로 《한글판 논어》를 출간하는 바이다.

2002년 7월 25일 현옥련재(玄玉蓮齋)에서
장기근(張基槿) 삼가 씀

차   례

제2편 위정편(爲政篇)

제3편　팔일편(八佾篇)

제4편 이인편(里仁篇)

제5편 공야장편(公冶長篇)

제6편   옹야편(雍也篇)

제7편 술이편(述而篇)

第8편 태백편(泰伯篇)

제9편 자한편(子罕篇)

제10편 향당편(鄕黨篇)

제11편 선진편(先進篇)

제12편   안연편(顔淵篇)

제13편   자로편(子路篇)

제14편 헌문편(憲問篇)

제15편 위령공편(衛靈公篇)

제17편　양화편(陽貨篇)

제18편 미자편(微子篇)

제19편 자장편(子張篇)

제20편   요왈편(堯日篇)

제1편 학이편(學而篇)

1. 군자의 배움과 즐거움

공자가 말했다.

"글을 배우고 배운 것을 항상 복습하고 또 때맞추어 실습을 하니 역시 기쁘지 아니하냐. 뜻과 도를 같이하는 글벗이 멀리서 찾아와 함께 어울려 배우고 뭉치니 역시 즐겁지 아니하냐. 남들이 설사 나를 알아주지 않아도 노여워하지 않으니 참으로 군자가 아니겠느냐."

子曰, 學而時習之면 不亦説乎아? 有朋이 自遠方來면 不亦樂乎아? 人不知而不慍이면 不亦君子乎아?

2. 효제는 인을 이루는 근본

유자가 말했다.

"사람됨이 부모에게 효성하고 형제간의 우애를 돈독히 지키는 사람으로서 사회에 나가서, 윗사람을 능욕하거나 침범하기를 좋아하는, 그런 사람은 거의 없다. 윗사람 침범하기를 좋아하지 않으면서 사회적으로 난동하기를 좋아하는, 그런 사람도 아직까지 없었다. 군자는 근본에 힘을 써야 한다. 근본이 바로 서야 바른 도가 생긴다. 부모에 대한 효도와 형제간의 우애가 바로 인을 이룩하는 근본이다."

有子曰, 其爲人也孝弟요 而好犯上者鮮矣니 不好犯上而好作亂者는 未之有也니라. 君子는 務本이니 本立而道生하나니 孝弟也者는 其爲仁之本與인저.

※ ㅇ有子(유자)-공자의 제자. 성이 유(有)이고 이름은 약(若)이다.

3. 가식하는 사람은 인덕이 없다

공자가 말했다.

"말을 듣기 좋게 잘하고 용모를 보기 좋게 꾸미는 사람은 참된 인심(仁心)이나 인덕(仁德)이 없다."

子曰, 巧言令色이 鮮矣仁이니라.

4. 매일 자신을 반성한다

증자가 말했다.

"나는 날로 세 가지 일에 대하여 자신을 반성한다. 남을 위해서 일을 도모함에 있어 충성스럽지 못하지는 않았나? 붕우와 사귐에 있어 신의를 저버린 일이 없었나? 스승으로부터 전수받은 학문을 익히지 않은 바 없었는가?"

曾子曰, 吾日三省吾身하노니 爲人謀 而不忠乎아? 與朋友交而不信乎아? 傳不習乎아?

5. 어진 덕정의 요체

공자가 말했다.

"천 승(乘)의 나라를 다스리되, (다음과 같이 해야 한다) 정사를 공경한 마음으로 미덥게 처리하고, 나라의 씀씀이를 절약하고, 모든 사람을 사랑하고 백성들을 적절한 때에 부리고 써야 한다."

子曰, 道千乘之國하되 敬事而信하여 節用而愛人하며 使民以時니라.

6. 덕을 행한 다음에 글을 배워라

공자가 말했다.

"어린 사람은 안에서는 부모에게 효도하고 밖에서는 연장자에게 공손하게 하며, 언행을 성실하게 하고 또 미덥게 해야 한다. 널리 모든 사람들을 사랑하되 특히 인덕 있는 사람과 친근하게 해야 한다. 이상을 다 잘 행하고도 여력이 있으면 글을 배워라."

子曰, 弟子入則孝하고 出則弟하며 謹而信하며 汎愛衆하되 而親仁이니 行有餘力이어든 則以學文이니라.

7. 덕의 실천이 곧 글공부

자하가 말했다.

"어진 사람을 어질게 여기는 것을 아름다운 미인을 좋아하듯이 하고, 부모를 섬김에 전력을 기울이고, 임금을 섬김에 자신을 다 바치고, 벗과 사귐에 자신이 말한 바를 독실하게 실천해야 한다. 이와 같은 덕행을 행하면, 그가 비록 글을 배우지 않았다 해도 나는 반드시 그를 배운 사람이라고 평가하리라."

子夏曰, 賢賢하여 易色하며 事父母하되 能竭其力하며 事

君하되 能致其身하며 與朋友交하매 言而有信이면 雖曰未學이라도 吾必謂之學矣라 하리라.

8. 군자의 태도

공자가 말했다.
"군자는 무게가 없으면 위엄이 없다. 배워야 고루하지 않다. 충성과 신의를 지켜라. 나만 못한 자를 벗하지 마라. 잘못한 것은 즉시 꺼리지 말고 고쳐라."

子曰, 君子不重則不威니 學則不固니라. 主忠信하며 無友不如己者요 過則勿憚改니라.

9. 장례와 제사를 잘 모셔야 한다

증자가 말했다.
"부모의 장례를 신중히 모시고, 선조의 제사를 잘 받들고 추모하면, 백성들의 덕성이 한결 돈후하게 되리라."

曾子曰, 愼終追遠이면 民德이 歸厚矣리라.

10. 공자는 덕으로써 정치를 묻는다

자금이 자공에게 물었다.
"선생께서는 어느 나라에 가시든지 반드시 그 나라 임금으로

부터 정치에 관한 상담의 말을 들으시는데, 그것은 선생께서
먼저, 요청한 것입니까? 혹은 그 나라 임금이 자진해서 말
하는 것입니까?"

자공이 말했다.

"선생께서는 온화·선량·엄숙·검박·겸양의 다섯 가지 덕
으로써 남을 감화하시고, 그 결과 정치에 대한 상담의 말을
들으신다. 그러므로 설사 선생께서 먼저 듣고자 하셨다 해도,
그것은 다른 사람들이 구하는 태도와는 다르다."

子禽問於子貢曰, 夫子이 至於是邦也하사 必聞其政하시나
니 求之與아? 抑與之與아? 子貢이 曰, 夫子는 溫良恭儉讓
以得之시니 夫子之求之也는 其諸異乎人之求之與인저.

※ ○子禽(자금)—공자의 제자. 성은 진(陳). 이름은 항(亢). 위(衛)
나라 출신으로 공자보다 40세 연하이다. 일설에는 자공(子貢)의 제
자라고도 한다.

11. 효자는 어른의 도를 3년 지킨다

공자가 말했다.

"부친이 살아 계시면 어른의 뜻을 살펴 따라야 하고 이미 돌
아가셨으면 생존시의 행적을 살펴서 본으로 삼아야 한다. 3
년간 선친의 도를 고치지 않아야 비로소 효라 할 수 있다."

子曰, 父在에 觀其志오 父沒에 觀其行이니 三年을 無改
於父之道라야 可謂孝矣니라.

12. 예는 조화를 귀하게 여긴다

유자가 말했다.

"예를 시행하는 데는 조화를 귀중하게 여긴다. 선왕의 예가 그러했으므로 아름답고 좋았다. 그러나 대소의 모든 일을 조화 위주로만 하면 잘 안될 때가 있다. 조화의 귀중함을 알고 조화롭게 하되 예로써 조절하고 또 절도에 알맞게 하지 않으면 안될 수도 있다."

有子曰, 禮之用이 和爲貴하니 先王之道 斯爲美니라. 小大由之이나 有所不行이니라. 知和而和로대 不以禮節之면 亦不可行也니라.

13. 도의에 합당한 신의

유자가 말했다.

"남에게 한 약속이 도의에 합당해야 그 말을 실천할 수 있다. 남을 공경하되 예절에 가까워야 치욕을 면할 수 있다. 남을 의지하되 그가 친애의 인덕을 잃지 않는 사람이라야 비로소 그를 존경하고 주체로 삼을 수 있다."

有子曰, 信近於義면 言可復也며 恭近於禮면 遠恥辱也며 因不失其親이면 亦可宗也니라.

14. 학문을 좋아하는 사람의 태도

공자가 말했다.

"군자는 배불리 먹기를 구하지 않고 편히 살기를 구하지 않는다. (도리어) 일을 민첩히 하고 말을 신중히 하며 도를 따라 바르게 행해야 한다. 그래야 가히 배우기 좋아하는 사람이라고 할 수 있다."

子曰, 君子食無求飽하며 居無求安하며 敏於事而愼於言이오 就有道而正焉이면 可謂好學也已니라.

15. 덕을 절차탁마해야 한다

자공이 말했다.

"가난해도 아첨하지 않고, 부유해도 교만하지 않으면 어떻겠습니까?"

공자가 말했다.

"괜찮다. 그러나 가난하면서 도를 즐기고 부유하면서도 예를 좋아하는 사람만은 못하다."

자공이

"《시경》에 있는 절차탁마가 바로 그 뜻이군요."

라고 하자, 공자가 말했다.

"사야! 비로소 너와 함께 시를 논할 수 있구나. 과거를 말해

주면 미래를 아는구나."

子貢曰, 貧而無諂하며 富而無驕하되 如何니이꼬? 子曰,
可也나 未若貧而樂하며 富而好禮者也니라. 子貢曰, 詩云
如切如磋 如琢如磨라 하니 其斯之謂與인저? 子曰, 賜也는
始可與言詩已矣로다. 告諸往而知來者이오녀.

16. 내가 남을 알아야 한다

공자가 말했다.
"남이 나를 몰라준다고 걱정하지 말고, 내가 남을 모를 것을
걱정해야 한다."

子曰, 不患人之不己知오 患不知人也니라.

제2편 위정편(爲政篇)

1. 덕으로 다스리다

공자가 말했다.

"다스림을 덕으로써 하면 흡사 북극성이 제자리에 있으되 여러 별들이 공수(拱手)하고 따르는 것과 같으니라."

子曰, 爲政以德이 譬如北辰이 居其所이어든 而衆星共之니라.

2. 사악함이 없는 시경

공자가 말했다.

"《시경》에 있는 3백 편의 시는 한마디로 말하면, 상념에 사악함이 없다."

子曰, 詩三百이 一言以蔽之하니 曰, 思無邪니라.

3. 덕으로 다스리다

공자가 말했다.
"정략으로 이끌고 형법으로 다지면 백성들은 죄를 모면하되 부끄러움을 못 느낀다. 그러나 덕으로 이끌고 예로써 다지면 염치를 알고 또 바르게 된다."

子曰, 道之以政하고 齊之以刑이면 民免而無恥니라. 道之 以德하고 齊之以禮면 有恥且格이니라.

4. 덕성의 단계

공자가 말했다.
"나는 열다섯 살에 학문에 뜻을 두었고, 서른 살에 독립했고, 마흔 살에 현혹되지 않았고, 쉰 살에 천명을 알았고, 예순 살에 남의 말을 순순히 듣게 되었고, 일흔 살에 마음대로 행동해도 법도를 넘지 않았다."

子曰, 吾十有五而志于學하고 三十而立하고 四十而不惑하고 五十而知天命하고 六十而耳順하고 七十而從心所欲하야 不踰矩호라.

5. 효도는 예를 따르고 행함이다

맹의자가 효에 대하여 묻자, 공자가 말했다.
"어기지 않는 것이다."
번지가 수레를 몰았을 때 공자가 그에게 말했다.
"맹손이 나에게 효를 묻기에 내가 어기지 않는 것이다라고
대답했다."
이에 번지가
"무슨 뜻입니까?"
하고 묻자, 공자가 대답했다.
"부모가 살아 계시면 예로써 섬기고, 돌아가시면 예로써 상
례를 치르고, 제사도 예로써 모셔야 한다."

　　孟懿子問孝한대　子曰, 無違나라　樊遲御허니　子告之曰,
孟孫이　問孝於我어늘　我對曰, 無違호라. 樊遲曰, 何謂也이
꼬?　子曰, 生事之以禮하며　死葬之以禮하며　祭之以禮니라.

※ ○孟懿子(맹의자)—노(魯)나라의 대부(大夫). 성은 중손(仲孫). 이
름은 하기(何忌), 시호가 의(懿)이다.

6. 부모의 걱정

맹무백이 효에 대해서 묻자 공자가 말했다.
"부모에게는 오직 질병만으로 걱정을 끼쳐야 한다."

孟武伯問孝한대 子曰, 父母는 唯其疾之憂시니라.

※ ㅇ孟武伯(맹무백)—맹의자(孟懿子)의 아들. 이름은 체(彘). 무(武)
는 시호. 백(伯)은 장남이란 뜻임.

7. 효도와 공경

자유가 효에 대해서 묻자 공자가 말했다.
"근자에는 효를 공양하는 것으로만 생각하지만 개와 말도 키
워주고 있다. 부모를 존경하지 않으면 무엇이 다르겠는가?"

　　子游問孝한대 子曰, 今之孝者는 是謂能養이니 至於犬馬
하여도 皆能有養이니라. 不敬이면 何以別乎리오.

8. 즐거운 기색으로 효도해야 한다

자하가 효에 대해서 묻자 공자가 말했다.
"즐거운 기색으로 어른 섬기기가 어렵다. 일이 있으면 젊은
이가 수고를 하고, 술이나 음식이 있으면 어른께 올린다. 그
러나 그것만으로 효도라 할 수 있겠느냐."

　　子夏問孝한대 子曰, 色難이니 有事弟子服其勞하고 有酒
食先生饌을 曾是以爲孝乎아.

9. 안회는 어리석지 않다

공자가 말했다.

"내가 안회와 종일토록 말을 해도 한마디의 반대도 없이 흡사 어리석은 사람 같았다. 그러나 그가 물러나 사사롭게 처하는 품을 살피니 (가르침을) 충분히 계발하고 실천하더라. 그러니 안회는 어리석은 사람이 아니다."

子曰, 吾與回言終日하나 不違如愚러니 退而省其私한대 亦足以發하나니 回也不愚로라.

10. 자신을 숨기지 못한다

공자가 말했다.

"그 행동을 보고, 그 연유를 살피고 또 그가 (받아들이고 있는) 결과를 관찰해 보면, (결국 그 사람을 알게 된다) 그러니, 사람됨을 어찌 숨길 수 있겠느냐? 사람됨을 어찌 숨길 수 있겠느냐?"

子曰, 視其所以하야 觀其所由하며 察其所安이면 人焉廋 哉리오 人焉廋哉리오.

11. 온고지신(溫故知新)

공자가 말했다.
"옛날의 학문을 충분히 익히고 더 나가서 새로운 것을 알면
스승이 될 수 있다."

子曰, 溫故而知新이면 可以爲師矣니라.

12. 군자불기(君子不器)

공자가 말했다.
"군자는 기물 같은 존재가 아니다."

子曰, 君子는 不器라.

13. 군자는 먼저 행한다

자공이 군자에 대해서 묻자 공자가 말했다.
"말하고자 하는 바를 먼저 행하고, 그후에 말을 하느니라."

子貢이 問君子한대 子曰, 先行其言이요 而後從之니라.

14. 군자는 두루 통한다

공자가 말했다.

"군자는 두루 통하되 편파적이 아니다. 소인은 편파적이면서 두루 통하지 못한다."

子曰, 君子는 周而不比하고 小人은 比而不周니라.

15. 배우고 또 사색해야 한다

공자가 말했다.

"배우기만 하고 사색하지 않으면 사리에 어둡고, 사색만 하고 배우지 않으면 위태롭다."

子曰, 學而不思則罔하고 思而不學則殆니라.

16. 이단은 배우지 마라

공자가 말했다.

"이단을 배우면 해로울 뿐이다."

子曰, 攻乎異端이면 斯害已而니라.

17. 참다운 앎

공자가 말했다.

"유야, 네게 앎에 대해 가르쳐 주마. 아는 것을 안다 하고, 모르는 것을 모른다 함이, 바로 앎이니라."

子曰, 由야 誨女知之乎인저 知之爲知之오 不知爲不知이 是知也니라.

※ ㅇ由(유)─공자의 제자인 자로(子路)의 이름.

18. 녹(祿)을 얻는 길

자장이 녹(祿)을 구하는 법을 묻자, 공자가 말했다.

"많이 듣되 의아스러운 것을 빼놓고 나머지를 신중히 말하면 허물이 적을 것이다. 또는 많이 보되 확고하지 못한 것을 빼놓고 나머지만을 행하면 뉘우침이 적을 것이다. 말에 허물이 없고 행동에 뉘우침이 없으면 녹은 스스로 얻게 마련이다."

子張이 學干祿한대 子曰, 多聞闕疑오 愼言其餘면 則寡尤이며 多見闕殆오 愼行其餘 則寡悔니 言寡尤하며 行寡悔면 祿在其中矣니라.

19. 곧은 사람을 내세워야 한다

애공이 물었다.

"어떻게 하면 백성들이 따르겠소?"

공자가 대답했다.

"곧은 사람을 들어 굽은 사람 위에 쓰면 백성이 따르고, 굽은 사람을 들어 곧은 사람 위에 쓰면 백성이 따르지 않습니다."

　　哀公이 問曰, 何爲 則民服이니까? 孔子對曰, 擧直錯諸枉則民服하고 擧枉錯諸直 則民不服이니이다.

※ ㅇ哀公(애공)―노(魯)나라의 군주. 성은 희(姬), 이름은 장(蔣), 애(哀)는 시호이다.

20. 임금이 먼저 행하면 백성이 따른다

계강자가 물었다.

"사람들로 하여금 공경과 충성을 바치게 하고 또 일을 잘하게 권장하려면 어떻게 하면 되겠소?"

공자가 말했다.

"임금이 백성들에게 장중하고 엄숙한 태도로 임하면 백성들이 공경할 것이며, 임금이 효도하고 자애를 베풀면 백성들이 충성할 것이며, 선량한 사람을 등용하고 재능 없는 사람을 교도하면, 곧 사람들로 하여금 일을 잘하게 권하는 것입니다."

　季康子問, 使民敬忠以勸이면 如之何이까? 子曰, 臨之以
莊 則敬하고 孝慈 則忠하고 擧善而敎不能 則勸이니라.

※ ○季康子(계강자)—노(魯)나라의 경(卿)으로 이름은 비(肥), 강
(康)은 시호이다. 노나라의 세도가였던 삼환씨(三桓氏)의 한 집안인
계손씨(季孫氏)의 당주(當主)였다.

21. 효도가 곧 정치

어떤 사람이 공자에게 물었다.
"선생께서는 왜 정치를 하지 않으십니까?"
이에 공자가 말했다.
"《서경》에 '효도하라, 부모에게 효도하고 형제간에는 우애롭
게 하라. 효도와 우애를 정치에 나타낸다'고 했으니 효도가
곧 정치이거늘 어찌 따로 정치할 것이 있겠소?"

　或이 謂孔子曰, 子奚不爲政이니까? 子曰, 書云 孝乎인저
惟孝하며 友于兄弟하며 施於有政이라 是亦爲政이니 奚其爲
爲政이리오?

22. 신의가 없으면 쓸모가 없다

공자가 말했다.

"사람이 신의가 없으면 그 쓸모를 알 수 없다. (소가 끄는) 큰 수레에 멍에가 없거나, (말이 끄는) 작은 수레에 멍에 갈고리가 없으면, 어떻게 끌고 갈 것인가?"

子曰, 人而無信이면 不知其可也라. 大車無輗하며 小車無軏이면 其何以行之哉리오.

23. 미래도 알 수 있다

자장이
"앞으로 10대의 일을 알 수 있습니까?"
하고 물었다. 이에 공자가 대답했다.
"은(殷)은 하(夏)의 예를 따랐으니 비교해 보면 더하고 뺀 것을 알 수 있고, 주(周)는 은의 예를 따랐으니 비교해 보면 더하고 뺀 것을 알 수 있다. 그러므로 혹 주의 예를 계승만 한다면 앞으로 백 대의 일도 알 수 있다."

子張이 問, 十世可知也이까? 子曰, 殷因於夏禮하니 所損益可知也하며 周因於殷禮하니 所損益可知也이니 其或繼周者면 雖百世라도 可知也니라.

24. 정의를 실천하는 것이 곧 참다운 용기

공자가 말했다.

"내가 모실 귀신이 아닌데 제사지내는 것은 아첨이다. 정의를 보고 나서서 실천하지 않는 것은 곧 용기가 없음이다."

子曰, 非其鬼而祭之이 諂也요 見義不爲이 無勇也라.

제3편 팔일편(八佾篇)

1. 계씨에 대한 비판

공자가 계씨를 비판하여 말했다.

"팔일을 뜰에서 춤추게 하다니, 이런 짓을 감히 할 수 있다면 장차 그 무슨 짓인들 하지 못하랴?"

孔子謂季氏하시되 八佾舞於庭하니 是可忍也면 孰不可忍也오.

2. 세 대부를 비난하다

세 대부의 집안에서 제사를 끝낼 때, 옹의 시를 읊었다. 이에 대해서 공자가 말했다.

"《시경》옹편에 '제후들이 천자를 도우니 기뻐하시는 천자의 모습이 아름답다'고 했다. 이 시를 어찌하여 그들 세 대부의 사당에서 취해 쓰나?"

三家者以雍徹이러니 子曰, 相維辟公이어늘 天子穆穆을 奚取於三家之堂인고?

3. 어질지 못하면 예악도 쓸모 없게 된다

공자가 말했다.
"사람이 어질지 못하면 예는 무엇할 것이며, 사람이 어질지 못하면 악은 무엇할 것인가?"

子曰, 人而不仁이면 如禮何며 人而不仁이면 如樂何오?

4. 예는 검소하게 하라

임방이 예의 근본을 묻자 공자가 말했다.
"큼직한 질문이로다. 예는 사치하느니보다는 검소해야 한다. 장례는 모든 절차를 이것저것 갖추기보다는 진심으로 애통해야 한다."

林放이 問 禮之本한대 子曰, 大哉라 問이여 禮는 與其奢也론 寧儉이오 喪은 與其易也론 寧戚이니라.

5. 오랑캐에게 임금이 있어도

공자가 말했다.

"오랑캐에게 임금이 있다 해도 중화의 여러 나라에 임금이 없는 경우보다 못하다."

子曰, 夷狄之有君이 不如諸夏之亡也니라.

6. 계씨는 태산에 제사를 못 올린다

계씨가 태산에서 제사를 올리려 하자, 공자가 (계씨의 가신인) 염유에게 물었다.

"자네는 막을 수 없는가?"

염유가

"제 힘으로는 못하겠습니다."

라고 대답하자 공자가 말했다.

"아! 태산의 신을 (예를 물었던) 임방만큼도 중하게 여기지 않는구나."

季氏旅於泰山이러니 子謂冉有曰, 女弗能救與아? 對曰, 不能이로소이다. 子曰, 嗚呼라 曾謂泰山이 不如林放乎아.

7. 군자는 다투지 않는다

공자가 말했다.

"군자는 다투지 않는다. 불가피한 경쟁은 활쏘기뿐이다. 그때에는 서로 절하고 사양하며 당에 오르고 내려와 술을 마시니 그 다툼도 군자다운 다툼이다."

子曰, 君子無所爭이니 必也射乎인저. 揖讓而升하야 下而飮하나니 其爭也君子니라.

8. 예로써 뒷마무리를 한다

자하가 물었다.

"《시경》에 '곱게 웃는 품 아름답고, 아리따운 검은 눈동자, 흰 분으로 더욱 빛나네'라고 있는데 무슨 뜻입니까?"

공자가 대답했다.

"그림을 그릴 때에 흰 칠을 나중에 한다."

그러자 자하가 다시,

"예로써 뒷마무리를 한다는 뜻이군요."

하고 말하자, 공자가 말했다.

"나의 말을 계발하는 자가 바로 자네 상(商 : 자하)이로군. 비로소 자네와 함께 시를 논할 수 있노라."

子夏問曰, 巧笑倩兮며 美目盼兮여 素以爲絢兮라하니 何
謂也이니까? 子曰, 繪事後素니라. 曰, 禮後乎인저 子曰, 起
予者는 商也라 始可與言詩已矣로다.

9. 문헌이 있으면 옛날을 실증한다

공자가 말했다.

"하(夏)의 예를 내가 말할 수 있으나, 후손의 나라인 기(杞)
에 실증할 사물이 부족하고, 은(殷)의 예도 내가 말할 수 있
으나, 후손의 나라인 송(宋)에도 실증할 사물이 부족하다. 문
헌이 모자라는 탓이다. 문헌만 충분하면 내가 충분히 실증할
수 있다."

子曰, 夏禮를 吾能言之나 杞不足徵也며 殷禮를 吾能言
之나 宋不足徵也는 文獻不足故也니 足則吾能徵之矣리라.

10. 종묘에서 거행하는 체(禘) 제사

공자가 말했다.

"체(禘) 제사를 지낼 때 울창주를 뿌린 다음 그 이상을 나는
보고 싶지 않다."

子曰, 禘自旣灌而往者는 吾不欲觀之矣로라.

11. 체(禘)의 깊은 뜻은 나도 모르겠다

어떤 사람이 체제에 대하여 묻자, 공자가 말했다.
"모르겠소. 만약에 그 뜻을 잘 아는 사람이 천하를 다스린다면 흡사 이 위에 천하를 놓고 보는 듯할 것이오."
하며 자기 손바닥을 내보였다.

　　或問禘之說한대 子曰, 不知也로라 知其說者之於天下也에 其如示諸斯乎인저 하고 指其掌하시다.

12. 제사를 신중하게 모시다

(공자는) 제사 때는 조상이 앞에 계시는 듯이 신중한 태도를 취했고, 산천의 신을 모실 때는 신이 앞에 있는 듯 경건했다.
공자가 말했다.
"제사에 참석하지 않으면 제사를 모시지 않음과 같다."

　　祭如在하시며 祭神如神在러시다. 子曰, 吾不與祭면 如不祭니라.

13. 하늘에 죄를 지면 빌 곳이 없다

왕손가가 물었다.
"방안에 아첨하느니보다 부엌에 아첨하라고 한 말은 무슨 뜻입니까?"

공자가 말했다.

"그렇지 않소. 하늘에 죄를 지면 빌 곳이 없는 법이오."

王孫賈問曰, 與其媚於奧론 寧媚於竈라 하니 何謂也이꼬?
子曰, 不然하다 獲罪於天이면 無所禱也니라.

※ ○王孫賈(왕손가)―위(衛)나라의 대부(大夫). 성이 왕손(王孫)이
고 이름이 가(賈)이다. 위나라 영공(靈公) 밑에서 군사권을 장악하고
있었다.

14. 나는 주를 따르겠다

공자가 말했다.

"주(周)나라는 하(夏)와 은(殷) 두 대를 본받았으므로 문물
제도가 빛난다. 나는 주를 따르겠다."

子曰, 周監於二代하니 郁郁乎文哉라 吾從周하리라.

15. 묻는 것이 예다

공자께서 태묘에 들어가 제사지낼 때, 모든 일을 일일이
물으셨다. (그러자) 어떤 사람이 말했다.

"누가 저 추의 아들, 공자가 예를 안다고 했느냐? 태묘에 들
어가 일일이 묻더라."

공자가 듣고 말했다.

"그게 바로 예이니라."

子入大廟하사 每事問하신대 或曰, 孰謂鄹人之子를 知禮
乎아? 入大廟하여 每事問하니 子聞之하시고 曰, 是禮也니라.

16. 옛날 활쏘기의 도리

공자가 말했다.

"활을 쏠 때에 가죽 뚫는 것을 주장하지 않는 것은 힘이 동
등하지 않기 때문이다. 그것이 옛날 활쏘기의 도였다."

子曰, 射不主皮는 爲力不同科니 古之道也니라.

17. 나는 제례를 중하게 여긴다

자공이 고삭례에 올리는 희생양을 폐하려고 하자, 공자가 말
했다.

"사야, 너는 양을 아까워하지만 나는 제례를 더 중하게 여
긴다."

子貢이 欲去告朔之餼羊한대 子曰, 賜也아 爾愛其羊이나
我愛其禮니라.

18. 예를 다하는 것과 아첨

공자가 말했다.

"임금 섬김에 예를 다하는 것을 남들은 아첨한다고 말한다."

　　子曰, 事君盡禮를 人以爲諂也로다.

19. 임금은 예의, 신하는 충성

정공이 물었다.

"임금이 신하를 쓰고, 신하가 임금을 섬기는 데는 어떻게 해야 합니까?"

공자가 대답했다.

"임금은 예의로써 신하를 쓰고, 신하는 충성으로써 임금을 섬겨야 합니다."

　　定公問, 君使臣하며 臣事君하되 如之何이까? 孔子對曰, 君使臣以禮하며 臣事君以忠이니이다.

※ ㅇ定公(정공)—노(魯)나라의 군주(재위 기원전 509~495년).

20. 《시경》 관저편의 시

공자가 말했다.

"《시경》의 관저편의 시는 즐거우나 문란하지 않고, 애처로

우나 마음을 상하게 하지 않는다."

子曰, 關雎는 樂而不淫하고 哀而不傷이니라.

21. 과거의 일이니 탓하지 않겠다

애공이 재아에게 사(社)에 대하여 묻자, 재아가 대답했다.
"하나라의 임금은 소나무를 심었고, 은나라 사람들은 잣나무를 심었고, 주나라 사람들은 밤나무를 심었습니다."
그리고 덧붙여
"주나라가 밤나무를 심은 것은 백성들을 전율시키고자 한 것입니다."
라고 말했다. 이 말을 듣고 공자가 말했다.
"이미 이루어진 일이니 말하지 않으며, 끝난 일이니 간하지 않겠고, 과거의 일이 되었으니 탓하지 않겠다."

哀公이 問社於宰我한대 宰我對曰, 夏后氏는 以松이요 殷人은 以柏이요 周人은 以栗이니 曰, 使民戰栗이니이다. 子聞之하시고 曰, 成事라 不說하며 遂事라 不諫하며 旣往이라 不咎로라.

22. 관중은 그릇이 작고 예를 모른다

공자가 말했다.
"관중의 기량은 작았다."

어떤 사람이

"관중은 검소하였습니까?"

하고 묻자, 공자가 말했다.

"관씨는 삼귀대를 꾸몄고, 가신들에게 겸직을 안하게 했으니, 어찌 검소하다 말하랴."

"그렇다면 예를 알고 지켰나요 ?"

하고 묻자, 공자가 말했다.

"임금이 나무로 문을 가리거늘 관중도 나무로 문을 가렸다. 또 임금이 화친을 위해 반점을 차려놓거늘 관중도 반점을 차렸다. (만약) 그가 예를 안다면 누가 예를 모르겠느냐?"

> 子曰, 管仲之器小哉라. 或曰, 管仲은 儉乎이까? 曰, 管氏有三歸하며 官事를 不攝하니 焉得儉이리오. 然則管仲은 知禮乎이까? 曰, 邦君이야 樹塞門이어늘 管氏亦樹塞門하며 邦君이 爲兩君之好에 有反坫이어늘 管氏亦有反坫하니 管氏而知禮면 孰不知禮리오.

23. 공자가 음악을 말하다

공자가 노나라의 대사에게 음악에 대해서 말했다.

"나도 음악을 알 만합니다. 처음 음악을 연주할 때에는 오음 (五音)을 합해서 성대하게 시작하고, 이어 저마다의 소리를 힘껏 내게 하되 전체가 잘 조화되게 하고, 아울러 각각의 소리가 분명하면서도 부드럽게 이어짐으로써 연주를 완성합니다.”

　子語魯大師樂 曰, 樂은 其可知也니 始作에 翕如也하야
從之에 純如也하며 皦如也하며 繹如也하야 以成이니라.

24. 하늘이 목탁으로 삼고자 하다

의(儀)의 봉인(封人)이 공자를 뵙고자 하며 말했다.
“군자가 이곳에 오면 제가 모두 찾아뵈었습니다.”
이에 공자의 수행원이 안내해서 공자를 뵙게 했다. (면회를
마치고) 나오면서 (봉인이 공자의 제자들에게) 말했다.
“여러분들은 선생님께서 벼슬을 잃으셨다고 뭘 걱정하십니
까? 천하에 도가 없어진 지 오래되었으므로 하늘이 선생님
으로 하여금 목탁을 삼고자 하신 것입니다.”

　儀封人이 請見曰, 君子之至於斯也에 吾未嘗不得見也로
라. 從者見之한대 出曰, 二三子는 何患於喪乎리오? 天下之
無道也久矣라 天將以夫子爲木鐸이시리라.

※ ○儀封人(의봉인)-의(儀)는 위(衛)나라에 있었던 지명(地名). 봉
인(封人)은 국경지대를 다스리던 관리, 혹은 세금을 걷는 관리라고
도 한다.

25. 공자의 음악 평

공자가 순임금의 소 음악을 ‘가장 아름답고 또 가장 좋다’고

평했으나, 무왕의 무 음악에 대해서는 '가장 아름답기는 하지만 가장 좋지는 않다'고 말했다.

子謂韶하시되 盡美矣요 又盡善也라 하시고 謂武하시되 盡美矣요 未盡善也라 하시다.

26. 위에 있는 사람이 지킬 도리

공자가 말했다.
"위에 있으면서 관대하지 못하고, 예를 행하되 경건하지 못하고, 장례를 치르면서 애도하지 않으면, 내가 무엇으로 (그런 사람의 쓸모 있음을) 보겠는가?"

子曰, 居上不寬하며 爲禮不敬하며 臨喪不哀면 吾何以觀之哉리오.

제4편   이인편(里仁篇)

1. 인에 사는 것이 아름답다

공자가 말했다.

"인에 사는 것이 아름답고 좋다. 스스로 택하여 인에 처하지
않으면 어찌 지혜롭다 하겠느냐?"

子曰, 里仁이 爲美하니 擇不處仁이면 焉得知리오.

2. 인자는 인에 안주한다

공자가 말했다.

"어질지 못한 사람은 곤궁에 오래 처해 있지 못하며 반대로
안락함도 오래 누리지 못한다. 인자는 인에 안주하고 지자는

인을 이용한다."

子曰, 不仁者는 不可以久處約이며 不可以長處樂이니 仁
者는 安仁하고 知者는 利仁이니라.

3. 인자는 참으로 남을 사랑할 수 있다

공자가 말했다.
"인자만이 참되게 남을 사랑할 줄도 알고 반대로 미워할 줄
도 안다."

子曰, 唯仁者이 能好人하며 能惡人이니라.

4. 뜻을 인에 두면 악이 없다

공자가 말했다.
"진실로 뜻을 인에 두면 악덕이 없다."

子曰, 苟志於仁矣면 無惡也이니라.

5. 인도(仁道)를 떠나면 군자가 아니다

공자가 말했다.
"부귀는 누구나 탐내는 바이다. 그러나 정도(正道)로써 얻은
부귀가 아니면 누리지 마라. 빈천은 누구나 싫어하는 바다.

그러나 정도를 지킴으로써 빈천하게 되었다면 굳이 마다하지 마라. 군자가 인도(仁道)를 떠나면 어찌 군자라 일컫겠느냐? 군자는 식사하는 시간일지라도 인도를 어기지 말고, 다급한 순간에도 반드시 인도에 의지하고, 넘어져 뒤집히는 경우에도 반드시 인도에 있어야 한다.”

子曰, 富與貴是人之所欲也나 不以其道得之어든 不處也하며 貧與賤是人之所惡也나 不以其道得之라도 不去也니라. 君子去仁이면 惡乎成名이리오. 君子無終食之間違仁이니 造次에 必於是하며 顚沛에 必於是니라.

6. 참으로 인을 좋아한 사람을 못 보았다

공자가 말했다.

“나는 지금까지 진정으로 인을 좋아한 사람이나, 진실로 불인을 미워한 사람을 보지 못했다. 인을 좋아한 사람은 더할 게 없고, 불인을 미워한 사람도 그 나름대로 인을 행하며, 불인한 일이 자기 몸에 덮치지 못하게 할 것이다. 단 하루만이라도 힘을 쏟아 인을 행하려고 했는데, 힘이 모자라서 인을 이루지 못한 그런 사람을 나는 아직 보지 못했다. 그런 사람이 있을 법도 하나 나는 아직 보지 못했다.”

子曰, 我未見好仁者와 惡不仁者로라. 好仁者는 無以尙之오 惡不仁者는 其爲仁矣에 不使不仁者로 加乎其身이니

라. 有能一日에 用其力於仁矣乎아 我未見力不足者로라 蓋
有之矣어늘 我未之見也로다.

7. 과실에도 저마다의 유형이 있다

공자가 말했다.

"사람의 과실에도 저마다의 유형이 있다. 그러므로 과실만
보고도 그 사람의 인덕의 정도를 알 수 있다."

子曰, 人之過也는 各於其黨이니 觀過에 斯知仁矣니라.

8. 아침에 도를 터득하면 저녁에 죽어도 좋다

공자가 말했다.

"아침에 도를 듣고 터득하면 저녁에 죽어도 좋다."

子曰, 朝聞道면 夕死라도 可矣니라.

9. 도에 뜻을 둔 선비

공자가 말했다.

"선비가 도에 뜻을 두고서도, 나쁜 옷이나 나쁜 음식을 부끄
럽게 여긴다면 함께 도를 논할 수 없다."

子曰, 士志於道 而恥惡衣惡食者는 未足與議也니라.

10. 군자는 대의를 따른다

공자가 말했다.

"군자는 천하 만사에 있어, 어느 한 가지만을 옳다고 고집하지도 않고, 또 안된다고 부정하지도 않는다. 만사에 대의를 따른다."

子曰, 君子之於天下也에 無適也하며 無莫也하야 義之與比니라.

11. 군자는 덕, 소인은 땅을 생각한다

공자가 말했다.

"군자는 덕을 염원하고 소인은 땅을 생각한다. 군자는 법을 생각하고 소인은 혜택받기를 바란다."

子曰, 君子는 懷德하고 小人은 懷土하며 君子는 懷刑하고 小人은 懷惠니라.

12. 이익만을 바라면 원망이 많게 된다

공자가 말했다.

"이익만을 바라고 행동하면 원망이 많게 된다."

子曰, 放於利而行이면 多怨이니라.

13. 사양하는 마음으로 나라를 다스려야 한다

공자가 말했다.

"예의 본질인 사양하는 마음으로 나라를 다스릴 수 있다면 아무런 문제가 없다. (그러나) 예의 본질인 사양하는 마음을 바탕으로 나라를 다스리지 못한다면 형식적인 예만으로는 나라를 어찌 다스리겠느냐?"

子曰, 能以禮讓이면 爲國乎에 何有며 不能以禮讓爲國이면 如禮何리오?

14. 나서서 일할 바탕을 마련하라

공자가 말했다.

"자리 없음을 걱정하지 말고, 나설 수 있는 바탕 만들기를 걱정하라. 나를 몰라준다고 걱정하지 말고, 알려질 만한 일을 하려고 애를 써라."

子曰, 不患無位 患所以立하며 不患莫己知 求爲可知也라.

15. 나의 도는 하나로 꿰뚫고 있다

공자가

"삼아! 나의 도는 하나로 꿰뚫고 있다."

고 말하자, 증자가

"네."

하고 대답했다.

공자가 나간 다음에 다른 제자가 증자에게

"무슨 뜻입니까?"

하고 물었다. 이에 증자가 말했다.

"선생님의 도는 충과 서일 따름이다."

> 子曰, 參乎아 吾道는 一以貫之니라. 曾子曰, 唯라. 子出
> 이어시늘 門人이 問曰, 何謂也이까? 曾子曰, 夫子之道는 忠
> 恕而已矣니라.

16. 군자는 의(義), 소인은 이(利)를 밝힌다

공자가 말했다.

"군자는 의를 밝히고 소인은 이를 밝힌다."

> 子曰, 君子는 喩於義하고 小人은 喩於利니라.

17. 어진 사람과 같기를 바라라

공자가 말했다.

"어진 이를 보면 그와 같은 사람되기를 염원하고, 어질지 못한 사람을 보면 자신은 어떤가 하고 깊이 반성한다."

　子曰, 見賢思齊焉하며 見不賢而內自省也니라.

18. 부모에게 간언을 올릴 때

공자가 말했다.
"부모를 섬김에 있어 간언을 부드럽게 올려야 한다. 설혹 나의 뜻이 받아들여지지 않아도 여전히 공경해 모시고 (어른의 뜻을) 어기지 말아야 한다. 또 (간하기) 힘들어도 원망하지 않아야 한다."

　子曰, 事父母하되 幾諫이니 見志不從하고 又敬不違하며 勞而不怨이니라.

19. 부모에게 행방을 알린다

공자가 말했다.
"부모가 생존해 계시면 멀리 여행가지 않으며, 부득이 가는 경우에는 반드시 행방을 알려야 한다."

　子曰, 父母在어시든 不遠遊하며 遊必有方이니라.

20. 선친의 도를 고치지 않는다

공자가 말했다.

"3년을 두고 선친의 도를 고치지 않아야 가히 효라고 말할 수 있다."

> 子曰, 三年을 無改於父之道라야 可謂孝矣니라.

21. 부모의 나이를 알아야 한다

공자가 말했다.
"부모의 연세를 잘 알아야 한다. 한편으로는 (장수하심을) 기쁘게 여기면서도 한편으로는 두렵게 걱정한다."

> 子曰, 父母之年은 不可不知也니 一則以喜오 一則以懼니라.

22. 말과 실천

공자가 말했다.
"옛날의 (군자가) 함부로 말을 하지 않은 까닭은 자신의 실천이 따르지 못할 것을 부끄러워했기 때문이다."

> 子曰, 古者에 言之不出은 恥躬之不逮也니라.

23. 자신을 단속하라

공자가 말했다.

"단속함으로써 실패한 경우는 거의 없다."

> 子曰, 以約失之者鮮矣니라.

24. 말보다 행동을 민첩하게

공자가 말했다.
"군자는 말은 어눌하되 행동은 민첩하고자 한다."

> 子曰, 君子는 欲訥於言 而敏於行이니라.

25. 덕은 외롭지 않다

공자가 말했다.
"덕은 외롭지 않다. 반드시 이웃이 있다."

> 子曰, 德不孤라 必有鄰이니라.

26. 충간도 자주 하지 마라

자유가 말했다.
"임금을 섬김에 있어 과도하게 자주 간언을 하면 욕을 보게
되고 붕우간에도 과도하게 자주 충고를 하면 소원해진다."

> 子游曰, 事君數이면 斯辱矣요 朋友數이면 斯疏矣니라.

제5편 공야장편(公冶長篇)

1. 공자가 공야장을 평하다

공자가 공야장을 평해서,

"그는 사위로 삼을 만하다. 비록 그가 포승에 묶여 감옥에 있으나 그의 죄는 아니다."

라고 말하고 자기 딸을 그에게 시집보냈다.

> 子謂公冶長하시되, 可妻也로라. 雖在縲絏之中이나 非其罪也라 하시고 以其子妻之하시다.

2. 공자가 남용을 평하다

공자가 남용을 평하여,

"나라에 도가 있을 때는 버림받지 않고, 나라에 도가 없을
때에도, 형벌이나 주륙을 (받지 않고) 모면할 사람이다."
라고 말하고, 형의 딸을 그에게 시집보냈다.

　　子謂南容하시되, 邦有道에 不廢하며 邦無道에 免於刑戮이
라 하시고 以其兄之子妻之하시다.

※ ○南容(남용)-공자의 제자인 남궁괄(南宮适)의 자(字)이다.

3. 공자가 자천을 평하다

공자가 자천을 평하여 말했다.
"군자로다, 이 같은 사람은! 그러나 노나라에 군자가 없다면
그가 어떻게 그렇게 학문과 덕행을 터득했겠느냐?"

　　子謂子賤하시되, 君子哉라 若人이여　魯無君子者면　斯焉
取斯리오.

4. 공자가 자공을 평하다

자공이 공자에게
"저는 어떻습니까?"
하고 묻자 공자가 대답했다.
"너는 그릇이다."
자공이 다시

"무슨 그릇입니까?"

하고 묻자, 공자가 대답했다.

"호련이다."

> 子貢問曰, 賜也는 何如하니이까? 子曰, 女는 器也니라.
> 曰, 何器也니이꼬? 曰, 瑚璉也니라.

5. 공자가 염옹을 평하다

어떤 사람이 말했다.

"옹은 인덕은 있으나 구변이 없군요."

공자가 말했다.

"어찌 말 잘할 필요가 있겠는가? 남을 대할 때 말재주만을
부리면 자주 남에게 미움을 받게 된다. 나는 옹의 인덕에 대
해서는 모르겠다. 그러나 어찌 말 잘할 필요가 있겠는가?"

> 或曰, 雍也는 仁而不佞이로다. 子曰, 焉用佞이리오? 禦人
> 以口給하여 屢憎於人하나니 不知其仁이어니와 焉用佞이리오?

6. 아직은 벼슬을 감당할 수 없다

공자가 칠조개에게 벼슬을 살게 하려 하자,

"저는 아직 벼슬을 감당할 자신이 없습니다."

라고 대답했다. 이에 공자가 기뻐했다.

子使漆彫開로 仕하신대 對曰, 吾斯之未能信이로소이다.
子說하시다.

7. 용맹이 넘치면 사리를 분간하지 못한다

공자가 말했다.

"도가 이루어지지 않으니, 뗏목을 타고 바다에 뜰까 한다. 이
때에 나를 따를 자는 자유일 것이다."

자로가 이 말을 듣고 기뻐했다. 그러자 공자가 말했다.

"유는 용맹을 좋아함이 나보다 더하다. 그러므로 사리를 바
르게 재량하지 못한다."

子曰, 道不行이라 乘桴하야 浮于海하리니 從我者는 其由
與인저. 子路聞之하고 喜한대, 子曰, 由也는 好勇過我하니
無所取材니라.

8. 인덕에 대해서는 모르겠다

맹무백이

"자로는 인덕이 있습니까?"

하고 묻자, 공자는

"잘 모르겠소."

하고 말했다. 맹무백이 거듭 묻자, 공자는 대답했다.

"유(由)는 천승의 나라에서 군사를 다스릴 수 있으나, 그의

인덕에 대해서는 알지 못합니다.”

“구(求)는 어떠합니까?”

하고 묻자, 공자가 대답했다.

“구는 천 호의 도읍이나, 백 승의 경·대부 집에서 읍장이나 가신 노릇을 할 수는 있으나, 그의 인덕에 대해서는 알지 못합니다.”

“적(赤)은 어떠합니까?”

하고 묻자, 공자가 대답했다.

“예복에 속대를 띠고 조정에 나가서 빈객들과 응대하게 할 수 있습니다. 그러나 그의 인덕에 대해서는 알지 못합니다.”

孟武伯이 問 子路仁乎이꼬? 子曰, 不知也로라. 又問한대 子曰, 由也는 千乘之國에 可使治其賦也어니와 不知其仁也로라. 求也는 何如니이꼬? 子曰, 求也는 千室之邑과 百乘之家에 可使爲之宰也어니와 不知其仁也로라. 赤也는 何如니이꼬? 子曰, 赤也는 束帶立於朝하야 可使與賓客言也이니와 不知其仁也로라.

9. 하나를 듣고 열을 알다

공자가 자공에게

“너와 안회는 누가 더 나으냐?”

하고 묻자, 자공이 대답했다.

“제가 어찌 감히 안회를 바라볼 수 있겠습니까? 안회는

하나를 듣고 열을 알지만, 저는 하나를 듣고 둘을 알 뿐입
니다."

이에 공자가 말했다.

"안회만 못하리라. 나와 네가 다같이 그만 못하니라."

子謂子貢曰, 女與回也로 孰愈오? 對曰, 賜也는 何敢望
回리이꼬. 回也는 聞一以知十하고 賜也는 聞一以知二하노이
다. 子曰, 弗如也니라 吾與女의 弗如也하니라.

10. 썩은 나무에는 조각할 수 없다

재여가 낮잠을 자자, 공자가 말했다.

"썩은 나무는 조각할 수 없고, 거름흙으로 만든 담은 흙손질
할 수가 없다. 재여 같은 인간을 나무라서 무엇하겠는가?"

또 공자가 말했다.

"전에 나는 남을 대할 때, 그의 말을 듣고 그의 행실을 믿었
으나, 이제 나는 남을 대할 때, 그의 말을 듣고서도 그의 행
실을 살피게 되었다. 재여로 해서 내가 이렇게 사람 대하는
태도를 고치게 된 것이다."

宰予晝寢이어늘 子曰, 朽木은 不可雕也며 糞土之牆은 不
可杇也니 於予與에 何誅리오. 子曰, 始吾於人也에 聽其言
而信其行이러니 今吾於人也에 聽其言而觀其行하노니 於予
與에 改是로라.

11. 욕심이 많으면 강직할 수 없다

공자가
"나는 아직 강직한 사람을 못 보았다."
라고 말하자, 어떤 사람이 대답했다.
"신정이 강직합니다."
그러자 공자가 말했다.
"신정은 욕심쟁이다. 어찌 강직할 수 있겠는가?"

子曰, 吾未見剛者로다. 或對曰, 申棖이니이다. 子曰, 棖也는 欲이어니 焉得剛이리오.

12. 남에게 억지를 가하지 않음

자공이 말했다.
"저는 남이 저에게 억지를 가하는 것도 원치 않고, 저 또한 남에게 억지를 가하고자 원치도 않습니다."
공자가 말했다.
"사야, 네가 해낼 수 있는 바가 아니다."

子貢曰, 我不欲人之加諸我也하고 吾亦欲無加諸人하나이다. 子曰, 賜也아 非爾所及也니라.

13. 천도에 대한 말을 듣지 못했다

자공이 말했다.

"선생님의 문물제도에 관한 말씀은 들을 수가 있으나, 선생님의 인간의 본성이나 천도에 대한 말씀은 좀처럼 들을 수가 없다."

子貢曰, 夫子之文章은 可得而聞也어니와 夫子之言性與天道는 不可得而聞也니라.

14. 들은 것을 실천한 자로

자로는 가르침을 듣고, 그것을 미처 실천하지 못했으면, 또 다른 가르침 듣기를 두려워했다.

子路는 有聞이요 未之能行하여선 唯恐有聞하더라.

15. 시호를 문(文)이라 한 이유

자공이 물었다.

"공문자에게 어찌하여 문이라는 시호를 붙였습니까?"

공자가 말했다.

"재질이 명민한데도 배우기를 좋아했고, 아랫사람에게 묻기를 부끄러워하지 않았으므로 시호를 문이라 한 것이다."

子貢問曰, 孔文子를 何以謂之文也니이까? 子曰, 敏而好學하며 不恥下問이라 是以謂之文也니라.

16. 자산이 지닌 군자의 도(道)

공자가 자산을 평해 말했다.
"그가 지닌 바, 군자의 도에 네 가지가 있으니, 몸가짐을 공손히 하였고, 윗사람 섬김에 충성을 다했고, 백성을 보양함에 은혜로웠고, 백성을 부림에 의로웠다."

子謂子産하시되 有君子之道四焉이니 其行己也恭하며 其事上也敬하며 其養民也惠하며 其使民也義니라.

17. 안평중은 남과 잘 사귀었다

공자가 말했다.
"안평중은 남과 잘 사귀었다. 오래되어도 남을 잘 공경했다."

子曰, 晏平仲은 善與人交로다 久而敬之오녀.

※ ○晏平仲(안평중)−제(齊)나라의 명상(名相). 성이 안(晏)이고 이름은 영(嬰). 자가 중(仲), 시호가 평(平)이다.

18. 장문중은 지혜롭지 않다

공자가 말했다.

"장문중이 큰 거북을 두고, 기둥 끝에 산을 새기고, 대들보
에는 무늬를 그렸으니, 어찌 그를 지혜롭다 하겠는가?"

> 子曰, 臧文仲이 居蔡하되 山節하며 藻梲하니 何如其知也
> 리오.

※ ㅇ臧文仲(장문중)-노(魯)나라의 대부(大夫). 성은 장손(臧孫), 이
름은 진(辰), 자는 중(仲), 시호가 문(文)이다.

19. 자문(子文)과 최저(崔杼)에 대한 평

자공이 물었다.

"영윤(令尹) 자문(子文)은 세 번이나 출사하여 영윤이 되어
도 기뻐하는 기색이 없었고, 세 번이나 그만두어도 노여워하
는 기색이 없었으며 또 자리를 물릴 때에는 전임 영윤의 정
사를 반드시 신임 영윤에게 일러주었으니 그는 어떻습니까?"
이에 공자가 말했다.

"충성스럽다."

"인(仁)이라 하겠습니까?"
하고 묻자 공자는 대답했다.

"아직 지혜롭지 못하니, 어찌 인을 얻었다 하겠는가?"

자장이 또 물었다.

"최저가 제(齊)나라의 임금 장공(莊公)을 시해하자 진문자는 10승의 말이 있는데도 버리고 제나라를 떠나 다른 나라에 갔으며, 거기서도 역시 '우리나라의 최저 같다'고 말하고 떠났으며, 다시 다른 나라에 가서도 역시 '우리나라의 최저 같다'고 말하고 떠났으니 그는 어떻습니까?"

공자가

"청렴결백하다."

라고 말하자, 자장이

"인이라 하겠습니까?"

하고 묻자 공자가 대답했다.

"아직 지혜롭지 못하니 어찌 인을 얻었다 하겠는가?"

子張이 問曰, 令尹子文이 三仕爲令尹호대 無喜色하며 三已之호대 無慍色하야 舊令尹之政을 必以告新令尹하니 何如하니이꼬? 子曰, 忠矣니라. 曰, 仁矣乎이꼬? 曰, 未知로라 焉得仁이리오.

崔子弑齊君이어늘 陳文子有馬十乘이러니 棄而違之하고 至於他邦하야 則曰, 猶吾大夫崔子也라 하고 違之하며 之一邦하야 則又曰, 猶吾大夫崔子也라 하고 違之하니 何如하니이꼬? 子曰, 淸矣니라. 曰, 仁矣乎이꼬? 曰, 未知로라 焉得仁이리오.

※ ○子文(자문)－초(楚)나라의 대부(大夫). ○崔子(최자)－제(齊)나라의 대부인 최저(崔杼). ○陳文子(진문자)－제나라의 대부.

20. 계문자에 대한 평

계문자는 세 번 생각한 후에 실천했다. 공자가 그 말을 듣고 말했다.

"두 번이면 된다."

季文子三思而後에 行하더니 子聞之하시고 曰, 再斯可矣 니라.

21. 도가 없으면 어리석은 척한다

공자가 말했다.

"영무자는 나라에 도가 있으며 아는 척했고, 나라에 도가 없으면 어리석은 척했다. 그의 아는 척하는 품은 누구나 따를 수 있으나 그의 어리석은 척하는 품은 누구나 따를 수 없다."

子曰, 甯武子 邦有道 則知하고 邦無道 則愚하니 其知는 可及也어니와 其愚는 不可及也니라.

※ ○甯武子(영무자)―위(衛)나라의 대부. 성은 영(甯), 이름은 유 (兪), 시호가 무(武)이다.

22. 돌아가 아이들을 교육하자

공자가 진나라에서 말했다.

"돌아가자! 돌아가자! 우리 고장의 젊은이들은 뜻이 크고 진취적이긴 하지만 조잡하고 알차지 못하며, 또한 문화적으로 찬연하게 빛나고 문채를 이루지만 바르게 재량할 줄 모른다. (그러니, 돌아가서 가르쳐 주자)"

子在陳하사 曰, 歸與歸與인저. 吾黨之小子狂簡하여 斐然成章이요 不知所以裁之로다.

23. 백이 숙제는 원망하지 않았다

공자가 말했다.

"백이와 숙제는 지난 악을 생각하지 않았다. 따라서 그들은 남을 원망하는 일도 드물었다."

子曰, 伯夷叔齊는 不念舊惡이라 怨是用希니라.

24. 미생고는 정직하지 않다

공자가 말했다.

"누가 미생고를 정직하다고 하는가? 어떤 사람이 그에게 초를 얻고자 하자 그가 초를 이웃집에서 얻어다 주었다."

子曰, 孰謂微生高直고? 或이 乞醯焉이어늘 乞諸其隣而與之로다.

25. 좌구명도, 그리고 나도 창피하게 여긴다

공자가 말했다.
"겉으로 말을 잘 꾸미고 낯빛을 부드럽게 하고 지나치게 공손한 척하는 태도를 좌구명도 창피하게 여겼거니와, 나도 창피하게 여긴다. 또 속의 원한을 숨기고 친한 척하는 것을 좌구명도 창피하게 여겼는데, 나도 창피하게 여긴다."

子曰, 巧言令色足恭을 左丘明恥之하니 丘亦恥之하노라. 匿怨而友其人을 左丘明恥之하니 丘亦恥之하노라.

26. 노인을 편하게, 벗에게는 신의, 연소자를 사랑

안연과 자로가 공자를 모시고 곁에 앉아 있었다. 공자가 말했다.
"너희들의 소망하는 바를 각기 말해보지 않겠느냐?"
자로가 말했다.
"좋은 말과 수레와 가벼운 가죽옷을 얻어, 벗들과 같이 나눠 쓰다가 끝내 헐어도 유감스럽게 여기지 않겠습니다."

안연이 말했다.

"착한 일을 남에게 자랑하지 않고 남에게 힘드는 일을 강요하지 않겠습니다."

자로가

"선생님께서 원하시는 바를 듣고 싶습니다."

하자 공자가 말했다.

"노인들을 편하게 해주고, 벗들에게는 신의를 지키며, 연소자를 사랑으로 품고자 한다."

> 顏淵 季路侍러니 子曰, 盍各言爾志리오? 子路曰, 願車馬와 衣輕裘로 與朋友共하야 敝之而無憾하노이다. 顏淵曰, 願無伐善하며 無施勞하노이다. 子路曰, 願聞子之志하노이다. 子曰, 老者安之하며 朋友信之하며 少者懷之니라.

27. 자책하는 사람이 없다

공자가 말했다.

"다 되었구나! 나는 아직까지 자기의 잘못을 보고 스스로 마음속으로 자책할 수 있는 사람을 보지 못했다."

> 子曰, 已矣乎라 吾未見能見其過하고 而內自訟者也로라.

28. 나만큼 배우기를 좋아하지 않는다

공자가 말했다.

"집 열 채가 있는 작은 마을에도 반드시 충성과 신의에 있어서는 나 같은 사람이 있을 것이다. 그러나 나만큼 배우기를 좋아하지는 않을 것이다."

子曰, 十室之邑에 必有忠信如丘者焉이어니와 不如丘之好學也니라.

제6편 옹야편(雍也篇)

1. 옹은 남면할 만하다

공자가 말했다.

"옹아, 그대는 가히 남면하고 남들을 다스릴 만하다."

　子曰, 雍也는 可使南面이로다.

2. 경건하고 소탈하고 대범한 태도

중궁이

"자상백자는 어떠합니까?"

하고 묻자, 공자가 말했다.

"가하다, 그는 소탈하고 대범하다."

중궁이 다시 물었다.

"몸가짐을 경건하게 하면서 소탈하고 대범한 태도로 백성에게 대하면, (더욱) 좋지 않습니까? 몸가짐도 소탈 대범하고 남에게 대하는 태도도 소탈 대범하면, 지나치게 소탈 대범하지 않겠습니까?"

그러자 공자가 말했다.

"그대의 말이 옳다."

仲弓이 問子桑伯子한대 子曰, 可也簡이니라. 仲弓曰, 居敬而行簡하여 以臨其民이면 不亦可乎이까? 居簡而行簡이면 無乃大簡乎아. 子曰, 雍之言이 然이라.

3. 안회는 배우기를 좋아했다

애공이

"제자 중에서 누가 가장 배우기를 좋아합니까?"

하고 묻자, 공자가 대답했다.

"안회가 배우기를 좋아했습니다. 그는 노여움을 옮기지 않고, 과실을 두 번 거듭하지 않았습니다. 불행하게도 죽어, 지금은 없습니다. 그후로는 (그만큼) 배우기 좋아하는 자가 누군지 알지 못합니다."

哀公이 問, 弟子孰爲好學이니이꼬? 孔子對曰, 有顏回者好學하여 不遷怒하며 不貳過하더니 不幸短命死矣라. 今也

則亡하니 **未聞好學者也**니이다.

4. 궁핍을 도울 뿐, 재물을 더 늘려주지 않는다

자화가 사신이 되어 제나라로 떠나가자 염구가 자화의 모친
을 위해서 곡식 주기를 청했다. 이에 공자가

"엿 말 네 되를 주라."

고 말했다. 염구가 좀더 많이 주자고 청하자 공자가,

"열여섯 말을 주라."

하고 말했다. 그러나 염구는 여든 섬을 주었다. 이에 공자가 말
했다.

"자화는 제나라로 갈 때, 살진 말을 타고 가볍고 값진 가죽
옷을 입었다. 내가 들은 바 '군자는 남이 궁핍하고 몰릴 때에
는 돕고 보태주되, 부유하게 사는 사람에게는 더 보태고 재
물을 늘려주지 않는다'고 하더라."

　　子華使於齊러니 **冉子爲其母請粟**한대 **子曰, 與之釜**하라.
請益한대 **曰, 與之庾**하라 하니 **冉子與之粟五秉**하니 **子曰,
赤之適齊也**에 **乘肥馬**하고 **衣輕裘**하니 **吾聞之也**하니 **君子
周急**이오 **不繼富**라호라.

※ ○子華(자화)─공자의 제자인 공서적(公西赤)의 자(字).

5. 남으면 이웃에게 나눠주어라

원사(原思)가 영읍의 책임자로 있을 때 공자가 곡식 9백 석을 주자, 그가 (너무 많다고) 사양했다. 이에 공자가 말했다. "사양하지 마라. 이웃의 사람들이나 향당의 사람들에게 나눠주면 되지 않느냐."

原思爲之宰러니 與之粟九百이어시늘 辭한대, 子曰, 毋하여 以與爾鄰里鄉黨乎인저.

※ ㅇ原思(원사) - 공자의 제자인 원헌(原憲).

6. 좋은 소는 내버리지 않는다

공자가 중궁에게 말했다. "밭을 가는 소의 새끼라도 그 털 색이 붉고 뿔이 바르다면 설사 (사람들이 그것을) 희생으로 안 쓰려고 해도 산천의 신들이 (어찌) 내버려두겠는가?"

子謂仲弓曰, 犁牛之子 騂且角이면 雖欲勿用이나 山川其 舍諸아.

7. 안회는 오래 인을 어기지 않는다

공자가 말했다.

"안회는 마음으로 서너 달을 두고도 인(仁)을 어기지 않는다.
그러나 다른 사람들은 하루나, 한 달에 한 번 정도 어쩌다가
인에 이를 뿐이다."

　子曰, 回也는 其心三月이 不違仁이오 其餘는 則日月至
焉而已矣니라.

8. 정치에 참여해도 문제가 없다

계강자가
"중유는 정치에 참여할 만합니까?"
하고 묻자 공자가 대답했다.
"유는 과단하니 정치에 참여해도 문제가 없습니다."
계강자가
"자공은 정치에 참여할 만합니까?"
하고 묻자 공자가 대답했다.
"사는 통달했으니 정치에 참여해도 문제가 없습니다."
계강자가
"염유는 정치에 참여할 만합니까?"
하고 묻자, 공자가 대답했다.
"염유는 재주가 있으니 정치에 참여해도 문제가 없습니다."

　季康子問, 仲由可使從政也與이까? 子曰, 由也果하니 於
從政乎에 何有리오. 曰, 賜也可使從政也與이까? 曰, 賜也

達하니 於從政乎에 何有리오. 曰, 求也可使從政也與이까?
曰, 求也藝하니 於從政乎何有리오.

9. 벼슬을 거절한 민자건

계씨가 민자건을 비(費)의 읍장으로 삼으려 하자, 민자건이
사자(使者)에게 말했다.
"나를 위해 그대가 잘 거절해 주시오. 만약에 다시 나를 부
른다면 나는 반드시 문수강에 가있을 것이오."

　　季氏使閔子騫으로　爲費宰한대　閔子騫曰, 善爲我辭焉하
라. 如有復我者면　則吾必在汶上矣로리라.

10. 이 사람이 이런 병에 걸리다니!

염백우가 질병에 걸리자, 공자가 문병 가서 창문으로 그의
손을 잡고 말했다.
"이럴 리가 없는데! 운명이로구나! 이런 사람이 이런 병에
걸리다니! 이런 사람이 이런 병에 걸리다니!"

　　伯牛有疾이어늘　子問之하실새　自牖執其手하사　曰, 亡之러
니　命矣夫라. 斯人也　而有斯疾也할새　斯人也　而有斯疾也
할새.

11. 일단사(一簞食)와 일표음(一瓢飮)

공자가 말했다.
"참으로 안회는 어질다. 한 그릇 밥과 한 쪽박 물을 들고 누추한 거리에 살고 있으면, 남들은 그 괴로움을 참지 못하거늘 안회는 그 즐거움을 변치 않으니 참으로 안회는 어질도다."

子曰, 賢哉라 回也여 一簞食와 一瓢飮으로 在陋巷을 人不堪其憂어늘 回也不改其樂하니 賢哉라 回也여.

12. 힘이 모자라면 도중에서 그만둔다

염구가
"선생님의 도를 좋아하지 않는 것이 아니라 저의 힘이 부족합니다."
라고 변명하자 공자가 말했다.
"힘이 모자라는 사람은 도중에서 그만두지만 지금 그대는 스스로 선을 긋고 움츠리고 있네."

冉求曰, 非不說子之道언마는 力不足也로이다. 子曰, 力不足者는 中道而廢하니라. 今女畵이로다.

13. 군자다운 유학자가 되어라

공자가 자하에게 말했다.
"그대는 군자다운 유학자가 되어라. 소인과 같은 유학자가
되지 마라."

　　子謂子夏曰, 女爲君子儒오 無爲小人儒하라.

14. 좁은 지름길을 가지 않는다

자유가 무성의 읍재가 된 다음에 공자가 말했다.
"그대는 좋은 사람을 구했느냐?"
자유가 대답했다.
"담대멸명이라는 자가 있습니다. 그는 좁은 지름길을 가지
않고 공무가 아니면 제 방에 오지 않습니다."

　　子游爲武城宰러니 子曰, 女得人焉爾乎아? 曰, 有澹臺
滅明者하니 行不由徑하며 非公事어든 未嘗至於偃之室也
니이다.

15. 공을 자랑하지 않았다

공자가 말했다.
"맹지반은 공을 자랑하지 않았다. 후퇴하게 되자, 끝머리에서

적을 막았으며, 성문에 들어올 무렵에는 말에 채찍질을 하면
서, '일부러 뒤처지는 것이 아니고 말이 늦어서 뒤에 처진 것
일세'라고 말했다."

子曰, 孟之反은 不伐이로다 奔而殿하여 將入門할새 策其
馬曰, 非敢後也라 馬不進也라 하니라.

※ ㅇ孟之反(맹지반)－노(魯)나라의 대부(大夫)인 맹지측(孟之側).

16. 용모만으로는 안된다

공자가 말했다.
"축타의 웅변이 없이 다만 송조의 미모만 있다면, 오늘 같은
세상에서 화를 모면하기 어려울 것이다."

子曰, 不有祝鮀之佞이며 而有宋朝之美면 難乎免於今之
世矣니라.

17. 어찌하여 선왕의 도를 따르지 않는가?

공자가 말했다.
"누가 나가는 데 문을 통하지 않을 수 있겠는가? 그렇거늘
어찌하여 선왕의 도를 따르지 않는가?"

子曰, 誰能出不由戶리오마는 何莫由斯道也오.

18. 문질이 빈빈해야 군자다

공자가 말했다.

"질박함이 겉치레를 누르면 촌스럽고 겉치레가 질박함을 누르면 수다스럽다. 질박함과 겉치레가 서로 잘 어울려야 비로소 군자다우니라."

子曰, 質勝文則野요 文勝質則史니 文質이 彬彬 然後에 君子니라.

19. 인생은 곧게 살아야 한다

공자가 말했다.

"사람의 삶은 곧게 마련이다. 곧지 않으면서 사는 것은 요행히 죽음을 면하고 있는 것이다."

子曰, 人之生也直하니 罔之生也는 幸而免이니라.

20. 도를 즐겨야 한다

공자가 말했다.

"도를 알기만 하는 자는 좋아하는 사람만 못하고, 좋아하는 자는 즐기는 사람만 못하다."

子曰, 知之者는 不如好之者요 好之者는 不如樂之者니라.

21. 수준 이하에게는 말할 수 없다

공자가 말했다.
"중급 이상 가는 사람에게는 심오한 철학을 말해도 좋으나,
중급 이하의 사람에게는 심오한 철학을 말할 수 없다."

子曰, 中人以上은 可以語上也이어니와 中人以下는 不可
以語上也니라.

22. 지(知)와 인(仁)

번지가 지(知)에 대해서 묻자 공자가 대답해서 말했다.
"백성들을 교화해서 잘살게 하는 도의정치에 힘을 써야 한
다. (아울러) 귀신을 공경하고 받들되 (현실적으로는) 적당히
거리를 두는 것을 지라고 말할 수 있다."
다시 인덕(仁德)에 대해서 묻자 공자가 대답해서 말했다.
"인덕은 곧 어려운 일을 남보다 앞서서 감당하고 보답은 남
보다 뒤처져서 받아야 한다. 그래야 비로소 인덕이라 말할
수 있다."

樊遲問知한대 子曰, 務民之義요 敬鬼神而遠之면 可謂知
矣니라. 問仁한대 曰, 仁者先難而後獲이면 可謂仁矣니라.

23. 슬기로운 사람과 어진 사람

공자가 말했다.

"슬기로운 사람은 물을 좋아하고 어진 사람은 산을 좋아한다. 슬기로운 사람은 움직이고 어진 사람은 고요하다. 슬기로운 사람은 삶을 즐기고 어진 사람은 수명을 누린다."

子曰, 知者는 樂水하고 仁者는 樂山이니, 知者는 動하고 仁者는 靜하며, 知者는 樂하고 仁者는 壽니라.

※ ○樂(요) - 좋아할 요.

24. 변하면 도에 도달한다

공자가 말했다.

"제나라가 한번 변하면 노나라같이 되고, 노나라가 한번 변하면 도에 맞는 나라가 된다."

子曰, 齊一變에 至於魯하고 魯一變에 至於道니라.

25. 고(觚)는 모가 난 술잔

공자가 말했다.

"고에 모가 없다면, 어찌 고라 하랴, 어찌 고라 하랴!"

子曰, 觚不觚면 觚哉 觚哉아.

26. 인자는 속지 않는다

재아가 물었다.

"인자는 우물에 사람이 빠졌다고 속이면 당장 달려가 우물에 들어갑니까?"

공자가 말했다.

"어찌 그렇게 하겠느냐? 군자는 가기는 하겠지만 남의 속임수에 빠지지는 않을 것이다. 일시적으로 속는다 해도 끝내 사리에 어둡지는 않을 것이다."

宰我問曰, 仁者는 雖告之曰, 井有仁焉이라도 其從之也로소이꼬? 子曰, 何爲其然也리오? 君子可逝也인정 不可陷也며 可欺也인정 不可罔也니라.

27. 박문(博文) 약례(約禮)

공자가 말했다.

"군자는 글을 널리 배우되 예로써 단속해야 한다. 그래야 비로소 도에서 어긋나지 않을 것이다."

子曰, 君子博學於文이오 約之以禮면 亦可以弗畔矣夫인저.

28. 잘못을 하늘이 미워한다

공가가 남자를 만나자 자로가 좋아하지 않았다. 이에 공자가
굳게 다져 말했다.
"나에게 잘못이 있다면 하늘이 미워할 것이다. 하늘이 미워
할 것이다."

　　子見南子하신대 子路不說이어늘 夫子矢之曰, 予所否者이
면 天厭之 天厭之시리라.

※ ㅇ南子(남자)－위(衛)나라 영공(靈公)의 부인. 음란한 여자로 알
려졌었다.

29. 중용의 지극한 덕

공자가 말했다.
"중용의 덕은 지극하다. 그런데 사람들이 이를 소홀히 한 지
가 너무나 오래되었구나."

　　子曰, 中庸之爲德也니라. 其至矣乎인저 民鮮久矣니라.

30. 박시제중(博施濟衆)과 인(仁)의 방도

자공이 물었다.

"만약 백성들에게 널리 베풀고, 많은 사람을 구제해 줄 수 있다면 어떻습니까? 인이라 할 수 있겠습니까?"

공자가 대답했다.

"어찌 인이라고만 하겠느냐? 당연히 성인의 경지라고 말하겠다. 요임금 순임금도 그렇게 하지 못함을 걱정했다. 원래 인이란 내가 서고자 할 때, 남을 서게 하고, 내가 도달하고자 할 때, 남을 도달하게 하는 것이다. 가까운 자기를 가지고 남의 입장을 알아차리는 것이 인을 행하는 방도이다."

子貢曰, 如有博施於民 而能濟衆한대 何如니이꼬? 可謂仁乎이꼬. 子曰, 何事於仁이리오 必也聖乎인저. 堯舜도 其猶病諸시니라. 夫仁者는 己欲立而立人하며 己欲達而達人이니라. 能近取譬면 可謂仁之方也已니라.

제7편   술이편(述而篇)

1. 술이부작(述而不作)

공자가 말했다.
"전술(傳述)했을 뿐 창작하지 않았다. 옛것을 믿고 좋아한 나를 노팽에 비기고자 한다."

> 子曰, 述而不作하며 信而好古를 竊比於我老彭하노라.

2. 묵묵히 배우고 부지런히 가르치다

공자가 말했다.
"묵묵히 속으로 깊이 깨닫고 배우기에 물리지 않고, 남을 깨우치기에 게으르지 않다. 이런 일만을 내가 하고 있는 것이다."

子曰, 默而識之하며 學而不厭하며 誨人不倦이 何有於我哉오.

3. 네 가지 근심거리

공자가 말했다.
"덕을 닦지 못함과 학문을 익히지 못함과 의로움을 듣고도 옮겨가지 못함과 옳지 않음을 고치지 못함이 곧 나의 근심거리다."

子曰, 德之不脩와 學之不講과 聞義不能徙하며 不善不能改이 是吾憂也니라.

4. 평상시에는 느긋하고 온화했다

공자가 집안에 한가하게 있을 때에는 그 표정이 느긋하고 또 그 마음이 온화했다.

子之燕居에 申申如也하시며 夭夭如也러시다.

5. 주공을 꿈에 보지 않게 되었으니

공자가 말했다.

"참으로 심히 노쇠했구나! 이토록 오랫동안 주공을 다시 꿈
에 보지 않게 되었으니!"

子曰, 甚矣라 吾衰也여 久矣라 吾不復夢見周公이로다.

6. 도에 뜻을 두고, 덕을 지킨다

공자가 말했다.
"도에 뜻을 두고 덕을 지키고 인을 의지하고 육예를 익힌
다."

子曰, 志於道하며 據於德하며 依於仁하며 游於藝니라.

7. 예를 지키면 가르친다

공자가 말했다.
"속수의 예 이상을 치른 사람에게, 나는 가르치지 않은 바
없다."

子曰, 自行束脩以上은 吾未嘗無誨焉이로다.

8. 분발해야 더 가르친다

공자가 말했다.
"분발하지 않으면 계발해 주지 않고, (속생각을 표현하려고

애쓰며) 더듬거리지 않으면 말을 일러주지 않고, 한 구석을
들어 보이면 나머지 세 구석을 알만큼 반응하지 않으면 더는
가르쳐 주지 않는다."

子曰, 不憤이어든 不啓하며 不悱어든 不發호되 擧一隅에
不以三隅反이어든 則不復也니라.

9. 공자는 남의 죽음도 애도했다

공자는 상을 당한 사람 곁에서 음식을 드실 경우, 배부르게
드시는 일이 없으셨다. 공자는 그날에 곡을 하시면 종일 노래
를 부르지 않으셨다.

子食於有喪者之側에 未嘗飽也러시다. 子於是日에 哭則
不歌러시다.

10. 쓰면 나가고 버리면 물러난다(用行舍藏)

공자가 안연에게 말했다.
"알아서 써주면 나가서 도를 행하고, 버리면 물러나 은둔한
다. 아마 나하고 자네만이 그렇게 할 수 있으리라."
이에 자로가 나서서,
"선생님께서 삼군을 부리시는 경우에는 누구와 함께 하시겠
습니까?"
하고 묻자, 공자가 말했다.

"맨주먹으로 범을 잡으려 하고 맨발로 강물을 건너가려 하다
가 죽어도 뉘우치지 않는, 그런 무모한 자와는 함께 하지 않
겠다. 일처리에 앞서, 겁낼 줄 알고 잘 도모해서 반드시 성사
시키는 그런 사람과 함께 하겠다."

子謂顔淵曰, 用之則行하고 舍之則藏은 唯我與爾有是夫
인저. 子路曰, 子行三軍이면 則誰與시리이꼬? 子曰, 暴虎馮
河하여 死而無悔者를 吾不與也니 必也臨事而懼하며 好謀
而成者也니라.

11. 나는 좋아하는 도를 따르겠다

공자가 말했다.
"부(富)를 구해도 될 만한 좋은 세상이라면 채찍을 드는 천
직에도 나는 종사하겠다. 그러나 부를 구하면 안되는 세상이
라면 나는 내가 좋아하는 바 도를 따르겠다."

子曰, 富而可求也이면 雖執鞭之士라도 吾亦爲之어니와
如不可求인데는 從吾所好하리라.

12. 신중하게 여긴 세 가지

공자께서 가장 신중하게 여긴 일은 재계와 전쟁과 질병이었다.

子之所愼은 齊·戰·疾이러시다.

13. 소(韶)는 최고의 음악이다

공자께서 제나라에 계실 때, 석 달 동안, 소라는 음악을 들으시고 고기맛까지 잊으셨다. 그리고 말했다.

"음악이 이렇게까지 훌륭하리라고는 생각지 못했다."

子在齊聞韶하시고 三月不知肉味하사 曰, 不圖爲樂之至於斯也호라.

14. 백이 숙제는 원하던 인을 얻었다

염유가

"선생님은 위나라의 임금을 도우실까요?"

하고 묻자 자공이,

"글쎄, 내가 물어보지."

하고 들어가 공자에게,

"백이 숙제는 어떠한 사람입니까?"

하고 물었다. 공자가,

"옛날의 현인이다."

라고 대답하자 자공이 다시,

"그들은 원망했습니까?"

하고 물었다. 이에 공자가 다시 말했다.

"그들은 인을 얻으려 했으며, 원하던 인을 얻었거늘 어찌 원망을 하랴?"
자공이 나와서 염유에게 말했다.
"선생님은 위나라 임금을 도우시지 않으실 거야."

舟有曰, 夫子爲衛君乎아? 子貢이 曰, 諾다 吾將問之호리라. 入曰, 伯夷叔齊何人也이꼬? 曰, 古之賢人也니라. 曰, 怨乎이꼬? 曰, 求仁而得仁이어니 又何怨이리오. 出曰, 夫子不爲也시리라.

15. 불의로 얻은 부귀는 뜬구름과 같다

공자가 말했다.
"거친 밥을 먹고 물을 마시고 팔을 굽혀 베개 삼아도, 그 속에 즐거움이 있다. 의롭지 않게 부를 누리고 귀한 자리를 차지하는 것은 나에게는 뜬구름과 같다."

子曰, 飯疏食飲水하고 曲肱而枕之라도 樂亦在其中矣니不義而富且貴는 於我如浮雲이니라.

16. 역을 터득하면 큰 허물이 없다

공자가 말했다.
"앞으로 몇 년 더 공부하고 쉰 살에 역(易)을 터득한다면, 큰 허물이 없을 것이다."

子曰, 加我數年하야 五十以學易이면 可以無大過矣리라.

17. 시서(詩書)와 집례(執禮)는 아언으로 하시다

공자가 우아한 정음(正音)으로 발음한 것은 《시경》과 《서경》을 읽고 또 예를 집행할 때였다.

子所雅言은 詩書執禮 皆雅言也러시다.

18. 발분망식(發憤忘食)

섭공이 자로에게 공자의 사람됨을 물었으나 자로가 대답하지 않았다. 그러자 공자가 자로에게 말했다.

"그대는 왜, 말하지 않았나? 이렇게 말할 것이지. '그분은 분발하면 먹는 것도 잊고 도를 즐기므로 모든 근심을 잊으며 늙는 것조차 알지 못한다'고 말하지 않았나!"

葉公問孔子於子路어늘 子路不對한대. 子曰, 女奚不曰, 其爲人也 發憤忘食하며 樂以忘憂하여 不知老之將至云爾오.

※ ○葉公(섭공)－초(楚)나라의 대부(大夫)인 심제량(沈諸梁). 섭현(葉縣)을 다스렸으므로 이렇게 부른다.

19. 옛것을 탐구하고 알다

공자가 말했다.

"나는 나면서부터 모든 것을 안 사람이 아니다. 옛것을 좋아하고 부지런히 탐구해서 알게 된 것이다."

子曰, 我非生而知之者라 好古하여 敏以求之者也라.

20. 괴력난신(怪力亂神)은 말하지 않음

공자는 괴변·폭력·난동 및 귀신 등에 대해서는 별로 말하지 않았다.

子不語 怪·力·亂·神이러시다.

21. 세 사람 중에 스승이 있다

공자가 말했다.
"세 사람이 가면 그 중에 반드시 나의 스승이 있다. 그 중에서 좋은 점을 골라서 내가 따르고 좋지 않은 점은 거울 삼아 고치도록 한다."

子曰, 三人行에 必有我師焉이니 擇其善者而從之오 其不善者而改之니라.

22. 하늘이 나에게 덕을 주었다

공자가 말했다.

"하늘이 선천적으로 덕을 나에게 부여해 주었거늘, 환퇴가 나를 어떻게 해치랴?"

子曰, 天生德於予시니 桓魋其如予何리오.

23. 나는 숨긴 것이 없다

공자가 말했다.
"그대들은 내가 무엇을 숨기고 있다고 생각하나? 나는 숨기는 것이 없다. 내가 하는 일로서 그대들과 같이 하지 않은 것이 없다. 나는 바로 그런 사람이다."

子曰, 二三子는 以我爲隱乎아? 吾無隱乎爾로라 吾無行而不與二三子者니 是丘也니라.

24. 공자의 사교(四敎)

공자는 네 가지를 중점적으로 가르쳤다. 글·덕행·충성·신의였다.

子以四敎하시니 文·行·忠·信이니라.

25. 항심(恒心) 지니기도 어렵다

공자가 말했다.

"성인을 만나볼 수 없다면, 군자라도 만나볼 수 있으면 좋
겠다."

또 말했다.

"선인을 만나볼 수 없다면, 항심(恒心) 있는 사람이라도 만
나볼 수 있으면 좋겠다. 없어도 있는 척하고, 비어도 찬 것
같이 하고, 가난해도 태연해야 하는, 그런 항심을 지니기도
어렵다."

> 子曰, 聖人을 吾不得而見之矣어든 得見君子者면 斯可矣
> 니라. 子曰, 善人을 吾不得而見之矣어든 得見有恒者면 斯
> 可矣니라. 亡而爲有하며 虛而爲盈하며 約而爲泰면 難乎有
> 恒矣니라.

26. 잠자는 새를 쏘지 않았다

공자는 낚시질은 했으나 그물로 물고기를 잡지 않았고, 주살
로 잠자는 새를 쏘지 않았다.

> 子釣而不綱하시며 弋不射宿이러시다.

27. 좋은 것을 택하여 따라 행한다

공자가 말했다.

"잘 알지도 못하면서 함부로 일하는 사람이 있으나, 나는 그

렇게 하지 않는다. 많이 들은 중에서 좋은 것을 택하여 따라 행하고, 많이 본 중에서 좋은 것을 골라 기억한다. 이렇게 하는 것이 천생의 총명 다음가는 슬기다."

子曰, 蓋有不知而作之者아 我無是也로라. 多聞하야 擇其
善者而從之하며 多見而識之 知之次也니라.

28. 잘하려는 사람을 도와주어야 한다

호향의 사람들과는 같이 말하기 어려웠다. 그런데 공자가 그 곳 아이를 만나자 제자들이 당황해했다. 이에 공자가 말했다. "그 아이가 앞으로 가려는 것을 내가 거들어 준 것이다. 뒤로 물러나고자 하는데 내가 거들어 준 것이 아니다. 덮어 놓고 심하게 할 게 무엇이냐? 사람이 자신을 깨끗이 가다듬고 나오면 그 깨끗함을 받아주어야 한다. 과거에 구애될 게 없다."

互鄕難與言이러니 童子見커늘 門人惑한대 子曰, 與其進
也오 不與其退也니 唯何甚이리오. 人潔己以進이어든 與其
潔也오 不保其往也니라.

※ ○互鄕(호향)—마을 이름이다.

29. 인(仁)을 바라면 인이 앞에 나타난다

공자가 말했다.

"인이 멀리 있는가? 아니다. 내가 인을 바라면, 당장에 인이
앞에 나타난다."

子曰, 仁遠乎哉아? 我欲仁이면 斯仁至矣니라.

30. 약간의 잘못도 반드시 알게 된다

진(陳)나라의 사패(司敗)가 공자에게
"선생님의 나라, 노(魯)나라의 임금 소공은 예를 알았나요?"
하고 묻자 공자는
"알았지요."
하고 대답하고 자리에서 물러났다.

그러자 사패가 공자의 제자 무마기(巫馬期)에게 읍하고 앞에
나오라고 하며 말했다.

"내가 듣고 알기에 군자는 편을 들지 않는다고 하였소. 그런
데 군자 역시 편을 드시는구려. 소공이 오(吳)나라에서 부인
을 취했으며 성이 같으므로 오맹자(吳孟子)라고 불렀소. 그
런 소공이 예를 안다고 하면 그 누가 예를 모르겠소?"

이를 무마기가 공자에게 전하자 공자가 말했다.

"나는 행복하다. 약간의 잘못이 있어도 남이 반드시 알아차
리는구나."

陳司敗問, 昭公이 知禮乎이꼬? 孔子曰, 知禮시니라. 孔
子退커늘 揖巫馬期 而進之 曰, 吾聞君子는 不黨이라 하니

君子亦黨乎아 君取於吳하니 爲同姓이라 謂之吳孟子라 하니
君而知禮면 孰不知禮리오. 巫馬期以告한대 子曰, 丘也幸이
로다 苟有過어든 人必知之오녀.

31. 잘 부르는 사람을 따라 노래했다

공자는 남과 같이 노래를 부를 때 남이 잘 부르면 반드시 그
로 하여금 다시 부르게 하고 그 다음에 함께 맞추어 노래를 불
렀다.

子與人歌而善이어든 必使反之하시고 而後和之러시다.

32. 아직도 충분하지 않다

공자가 말했다.
"학문에 있어서는 나도 남만 못하지 않다. 그러나 군자답게
실천하는 데는 아직 충분한 경지에 도달하지 못했다."

子曰, 文莫吾猶人也아 躬行君子는 則吾未之有得호라.

33. 성인과 인자 되기를 어찌 바라겠느냐

공자가 말했다.
"성인과 인자 같은 경지를 내가 어찌 감히 바라겠느냐? 고

작해야 배우고 따라 행하는 것을 싫어하지 않고 남을 가르치
는 일에 게으르지 않을 뿐이라고 말할 수 있을 것이다."
이에 공서화가 말했다.
"바로 그것을 제자들이 본받고 행하지 못하는 것입니다."

　　子曰, 若聖與仁은 則吾豈敢이리오? 抑爲之不厭하며 誨人
不倦은 則可謂云爾已矣니라. 公西華曰, 正唯弟子不能學也
로소이다.

34. 나는 하늘에 빈 지 오래다

공자가 병을 심하게 앓자 자로가 기도를 드리자고 했다.
이에 공자가
"그런 일이 있느냐?"
하고 물었다. 자로가
"있습니다. 뇌문에 위로는 천신에게 빌고 아래로는 지기에게
빈다고 했습니다."
라고 말했다. 그러자 공자가 말했다.
"나는 하늘에 빈 지 오래다."

　　子疾病이시어늘 子路請禱한대 子曰, 有諸아? 子路對曰,
有之하니 誄曰, 禱爾于上下神祇라 하더이다. 子曰, 丘之禱
久矣니라.

　　※ ○誄(뢰)—죽은 사람의, 살아 있을 때의 공적을 칭송하고 명복을

비는 글.

35. 불손보다 고루한 편이 낫다

공자가 말했다.

"사치하면 불손하게 되고 검약하면 고루하게 되기 쉽다. 불손한 것보다 차라리 고루한 편이 낫다."

子曰, 奢則不孫하고 儉則固니 與其不孫也론 寧固니라.

36. 군자는 마음이 평탄하고 너그럽다

공자가 말했다.

"군자는 마음이 평탄하고 너그러우며, 소인은 항상 겁내고 두려워한다."

子曰, 君子는 坦蕩蕩이요 小人은 長戚戚이니라.

37. 온순하시되 엄숙하다

공자는 온순하시되 엄숙하고 위엄이 있으시되 무섭지 않고 공손하시되 안도감을 주신다.

子는 溫而厲하시며 威而不猛하시며 恭而安이러시다.

제8편　태백편(泰伯篇)

1. 태백은 지극히 덕이 높다

공자가 말했다.

"태백은 지극히 덕이 높은 사람이라 하겠다. 세 차례나 천하의 임금자리를 양보했으면서 은밀히 했으므로 백성들이 그의 미덕을 칭송조차 못했다."

　　子曰, 泰伯은 其可謂至德也已矣로다. 三以天下讓하되 民無得而稱焉이오녀.

2. 군자가 예를 따라야 백성들이 어질게 된다

공자가 말했다.

"공손하되 예가 따르지 않으면 헛수고만 하게 되고 신중하되 예가 따르지 않으면 두려워하게 되고 용감하되 예가 따르지 않으면 난폭하게 되고 강직하되 예가 따르지 않으면 강박(强迫)하게 된다.

군자가 부모를 독실하게 사랑하면, 백성들의 인풍(仁風)이 흥성하게 되고, 군자가 옛친구를 버리지 않으면 백성들의 덕풍(德風)이 후하게 된다."

子曰, 恭而無禮則勞하고 愼而無禮則葸하고 勇而無禮則亂하고 直而無禮則絞니라. 君子篤於親 則民興於仁하고 故舊不遺 則民不偸니라.

3. 증자의 몸조심

증자가 병을 앓더니 제자들을 불러 말했다.
"내 발을 펴 보아라! 내 손을 펴 보아라!《시경》에 '전전긍긍하여 깊은 못 가에 서있는 듯, 얇은 얼음을 밟듯 하라'고 했다. (그러므로 나는 그간 몸을 조심하였는데) 이제부터는 내가 걱정을 면하게 되었구나! 제자들아!"

曾子有疾하자 召門弟子曰, 啓予足하며 啓予手하라. 詩云, 戰戰兢兢 如臨深淵하며 如履薄氷이라 하니 而今而後에야 吾知免夫라 小子아.

4. 죽으려 할 때는 말이 착하다

증자가 병에 걸리자 맹경자가 문병을 왔다. 이에 증자가 그에게 말했다.

"새가 죽으려 할 때는 울음소리가 애처롭고, 사람이 죽으려 할 때는 그의 말이 착합니다. 군자로서 소중히 여길 바 세 가지 예도가 있습니다. 몸놀림을 예에 맞게 하면 난폭을 멀리할 것이며, 안색을 예에 맞게 지니면 신의를 가까이할 것이며, 말을 예에 맞게 하면 비천한 억지를 멀리할 것입니다. 제사 때 제기를 다루는 일은 전담자에게 맡기십시오."

曾子有疾이어늘 孟敬子問之러니 曾子言曰, 鳥之將死에 其鳴也哀하고 人之將死에 其言也善이니라. 君子所貴乎道者 三이니 動容貌에 斯遠暴慢矣며 正顔色에 斯近信矣며 出辭 氣에 斯遠鄙倍矣니 籩豆之事 則有司存이니라.

5. 알면서도 묻는 신중한 사람

증자가 말했다.

"유능하면서도 무능한 사람에게도 묻고, 학식이 많은데도 적은 사람에게도 묻고, 있으면서도 없는 척하고 속이 차있는 데도 빈 것처럼 하며, 남에게 욕을 보아도 마주 대들어 다투지 않는다. 옛날의 나의 벗으로 이런 태도를 취한 사람이 있었다."

曾子曰, 以能問於不能하며 以多問於寡하며 有若無하며 實若虛하며 犯而不校를 昔者吾友嘗從事於斯矣러니라.

6. 어린 임금의 보필을 부탁할 수 있는 군자

증자가 말했다.

"어린 임금의 보필을 부탁할 수 있고 백 리 사방의 나라의 운명을 맡길 수 있고 존망이 걸린 위급한 때에도 절개를 굽히지 않는 그런 사람을 군자라 할 수 있을까? 그런 사람이 바로 군자니라."

曾子曰, 可以託六尺之孤하며 可以寄百里之命이오 臨大節而不可奪也면 君子人與아? 君子人也니라.

7. 인(仁)의 달성을 자기 임무로 삼는다

증자가 말했다.

"선비는 반드시 뜻이 높고 굳세야 한다. 임무가 무겁고 갈 길이 멀기 때문이다. 인(仁)을 제 임무로 삼고 있으니 역시 무겁지 않겠는가? 죽은 다음에야 멈출 것이니 그 길이 역시 멀지 않겠는가?"

曾子曰, 士不可以不弘毅니 任重而道遠이니라. 仁以爲己

任이니 不亦重乎아 死而後已니 不亦遠乎아.

8. 시(詩)·예(禮)·악(樂)

공자가 말했다.

"시로써 감흥을 돋아올리고 예로써 행동거지를 바르게 세우고 음악으로써 성정을 완성한다."

子曰, 興於詩하며 立於禮하며 成於樂이니라.

9. 알게 하기 어렵다

공자가 말했다.

"백성들로 하여금 바른 도리를 따라오게 할 수는 있어도 그들로 하여금 깊은 이유를 알게 할 수는 없다."

子曰, 民은 可使由之요 不可使知之니라.

10. 심하면 난동하게 된다

공자가 말했다.

"용맹을 좋아하고 가난을 심하게 싫어하면 난동하게 된다. 어질지 못한 사람을 심하게 미워해도 난동하게 된다."

子曰, 好勇疾貧이 亂也요 人而不仁을 疾之已甚이 亂也

니라.

11. 교만하고 인색하면 안된다

공자가 말했다.

"만약에 주공의 훌륭한 재능을 지니고 있어도 남에게 교만하거나 혹은 인색하면 기타는 볼 것이 없다."

子曰, 如有周公之才之美로도 使驕且吝이면 其餘不足觀也已니라.

12. 녹봉을 바라지 않기 어렵다

공자가 말했다.

"3년을 배우고 녹봉에 뜻을 두지 않는 사람을 쉽게 볼 수 없다."

子曰, 三年學에 不至於穀을 不易得也니라.

13. 독신호학(篤信好學)과 수사선도(守死善道)

공자가 말했다.

"독실하게 믿고 배우기를 좋아하고, 죽음으로써 도를 지키고 높여야 한다. 위태로운 나라에는 들어가지 말고 문란한 나라에는 살지 말아라. 천하에 도가 있으면 나타나고 도가 없으

면 숨어라. 나라에 도가 있는데 가난하고 미천하면 부끄러운
노릇이고 나라에 도가 없는데도 부하고 고귀하면 부끄러운
노릇이다."

子曰, 篤信好學하며 守死善道니라. 危邦不入하고 亂邦不
居하며 天下有道則見하고 無道則隱이니라. 邦有道에 貧且
賤焉이 恥也며 邦無道에 富且貴焉이 恥也니라.

14. 함부로 정사를 논하지 마라

공자가 말했다.
"그 자리에 있지 않으면 그 정사를 논하지 마라."

子曰, 不在其位하얀 不謀其政이니라.

15. 아름다운 음악 연주

공자가 말했다.
"노나라 악사 지가 초기에 연주한 관저의 종장은 아름답게
귀에 가득 차 넘쳐흘렀다."

子曰, 師摯之始에 關雎之亂이 洋洋乎 盈耳哉라.

16. 어찌해야 좋을지 모르겠다

공자가 말했다.

"방자하면서 강직하지 않고, 무식하면서 성실하지 않고, 무능하면서 신의마저 없는 사람을 어찌해야 좋을지 모르겠다."

子曰, 狂而不直하며 侗而不愿하며 悾悾而不信을 吾不知之矣로라.

17. 학문을 서둘러 배워야 한다

공자가 말했다.
"학문은 따라가지 못할 듯이 서둘러 배우고, 배운 것을 잃을까 겁을 내야 한다."

子曰, 學如不及이오 猶恐失之니라.

18. 위대한 선양(禪讓)

공자가 말했다.
"참으로 높고 위대하다! 우와 순은 천하를 지니고 다스리면서도 다른 사람에게 선양했다."

子曰, 巍巍乎 舜禹之有天下也 而不與焉이여.

19. 빛나는 요임금

공자가 말했다.

"위대하다! 요의 임금됨이여! 높고 위대하다! 오직 하늘만
이 그토록 높고 클 수 있다. 요는 하늘을 본받았노라! 그 덕
이 넓고 넓어 백성들이 말로 칭송할 수 없노라! 높고 높은
그의 공적이여! 그의 문물이 찬연히 빛나리라!"

子曰, 大哉라 堯之爲君也여 巍巍乎 唯天이 爲大시어늘
唯堯則之하시니 蕩蕩乎 民無能名焉이로다. 巍巍乎 其有成
功也여 煥乎 其有文章이여.

20. 좋은 인재 얻기가 어렵다

순은 다섯 명의 신하를 데리고 천하를 잘 다스렸다. 무왕은
'나에게는 좋은 신하가 열 명 있다'고 말했다. 공자는 이에 대
해서 부연했다.
"인재를 얻기가 어렵다고 했는데 참으로 그렇지 않으냐? 그
중 한 명은 부인이었으니, 나머지는 아홉 명뿐이었다. 주나라
는 천하의 3분의 2를 가졌으면서도 여전히 은나라에 복종했
으니 주나라의 덕은 참으로 지극한 것이라고 말할 수 있다."

舜有臣五人 而天下治니라. 武王曰, 予有亂臣十人호라.
孔子曰, 才難이 不其然乎아 唐虞之際 於斯爲盛하니 有婦
人焉이라 九人而已니라. 三分天下에 有其二하사 以服事殷
하시니 周之德은 其可謂至德也已矣로라.

21. 우에 대해서 흠잡을 수 없다

공자가 말했다.

"우임금에 대해서 나는 비난할 수 없다. 그는 자기 먹는 음식을 절약하고 제사지낼 때 귀신은 지성껏 모셨다. 자기는 옷을 검소하게 입으면서 예복인 불면은 아름답게 꾸몄다. 자기가 사는 궁전은 조촐하게 꾸몄으나 전답의 물도랑 건설에는 전력을 쏟았다. 우에 대해서 나는 흠잡을 수가 없다."

子曰, 禹는 吾無間然矣로라 菲飮食 而致孝乎鬼神하시며 惡衣服 而致美乎黻冕하시며 卑宮室 而盡力乎溝洫하시니 禹吾無間然矣로라.

제9편　자한편(子罕篇)

1. 세속적인 이(利)를 천명과 결부하지 않다

공자는 세속적인 이득을 천명이나 인덕과 함께 결부해서 말하지 않았다.

子는 罕言利하시며 與命하시며 與仁이러시다.

2. 종합적으로 위대한 공자

달항의 마을 사람이 말했다.
"참 위대하다, 공자는! 박학다식하면서도, 한 가지 특출한 기능으로 그의 명성을 내게 할 수가 없으니!"
이 말을 들은 공자가 제자에게 말했다.

"내가 무엇을 가지고 이름을 내야 할까? 수레 모는 일로 이름을 낼까? 활 쏘는 일로 이름을 낼까? 차라리 활 쏘는 일로 이름을 내리라."

達巷黨人曰, 大哉라 孔子여 博學而無所成名이로다. 子聞之하시고 謂門弟子曰, 吾何執고 執御乎아 執射乎아 吾執御矣로리라.

※ ㅇ達巷(달항)―달과 항, 모두 마을의 이름이다.

3. 검약하고 예법에 맞게 해야 한다

공자가 말했다.

"삼실의 면관을 쓰는 것이 예법에 맞는다. 지금 사람들이 명주실의 면관을 쓰는 것은 절검하기 위해서다. 나도 여러 사람들을 따르겠다. 당 아래서 배례하는 것이 예법인데, 지금 사람들이 당상에서 배례하는 것은 교만한 짓이다. 비록 여러 사람들과 어긋나지만 나는 아래에서 배례하겠다."

子曰, 麻冕이 禮也어늘 今也純하니 儉이라 吾從衆하리라. 拜下이 禮也어늘 今拜乎上하니 泰也라 雖違衆이나 吾從下하리라.

4. 공자가 하지 않은 네 가지

공자는 다음의 네 가지를 하지 않았다. 사사로운 뜻이 없었다, 반드시 그렇다는 단정을 내리지 않았다, 고집에 매이지 않았다, 독단적인 아집이 없었다.

子絶四하시니 毋意하고 毋必하고 毋固하고 毋我러시다.

5. 하늘이 지키는 사문(斯文)

공자가 광(匡)에서 위태로운 지경에 빠졌을 때 말했다.
"문왕은 이미 돌아가셨지만, 그분이 남긴 문화는 나에게 전해져 있지 않으냐? 하늘이 그의 문화를 없애려고 했다면 후세 사람들이 그 문화에 관여하지 못했을 것이다. 하늘이 그 문화를 없애려고 하지 않으니 광의 사람인들 나를 어찌 해치겠느냐?"

子이 畏於匡이러시니 曰, 文王旣沒하시니 文不在玆乎아? 天之將喪斯文也신댄 後死者 不得與於斯文也어니와 天之未喪斯文也시니 匡人이 其如予何리오?

※ 이匡(광)─위(衛)나라의 지명. 공자 일행은 위나라에서 진(陳)나라로 가던 도중 이곳에서 위험한 일을 당했었다.

6. 어려서 천했으므로 다능하다

오나라의 태재가 자공에게
"선생께서는 성인이실까? 어찌 그렇게 다능하신가?"

하고 묻자, 자공이 말했다.

"물론 하늘이 선생님을 성인이 되게 하셨지만 선생님 자신도 본래 다능하셨습니다."

이 말을 듣고 공자가 말했다.

"태재는 나를 잘 안다고 하리라. 나는 어려서 천했으므로 미천한 일에 다능한 것이다. 군자가 다능해야 하느냐? 아니다, 다능하지 않다."

(이에 대하여) 자장이 덧붙였다.

"선생님께서 전에 '내가 등용되지 않아서 재능이 있다'고 말씀하셨다."

　　大宰問於子貢曰, 夫子는 聖者與아 何其多能也오? 子貢曰, 固天縱之將聖이고 又多能也시니라. 子聞之曰, 大宰知我乎아 吾少也賤이라 故多能鄙事호니 君子多乎哉아 不多也니라. 牢曰, 子云 吾不試 故로 藝라 하시니라.

※ ○大宰(태재)−오(吳)나라의 정승. 당시의 태재는 비(嚭), 대(大)는 이 경우 '클 태'이다.

7. 나는 별로 아는 것이 없다

공자가 말했다.

"내가 아는 것이 있겠는가? 아는 게 별로 없다. 그러나 비천하고 무식한 사람이라도 나에게 성실하게 물어오면 나는 아는 것을 모두 털어서 알려주고자 한다."

子曰, 吾有知乎哉아? 無知也로라 有鄙夫問於我호되　空空如也라도 我叩其兩端而竭焉하노라.

8. 공자의 한탄

공자가 한탄하며 말했다.
"하늘에서 봉황새도 오지 않고 황하에서는 도문도 나오지 않으니 나도 그만이구나!"

子曰, 鳳鳥不至하며 河不出圖하니 吾已矣夫인저.

9. 어린 상제에게도 예를 차리다

공자는 상복을 입은 사람을 보거나 혹은 관복 차림을 한 사람이나 소경이 나타나면 상대가 연소자라도 반드시 일어나 예를 차리고 또 그 앞을 지나갈 때에는 총총걸음을 하였다.

子見齊衰者와 冕衣裳者와 與瞽者하시고 見之에 雖少必作하시며 過之必趨러시다.

10. 우러러볼수록 더욱 높다

안연이 감탄하며 말했다.
"선생님은 우러러볼수록 더욱 높고, 뚫고 들어갈수록 더욱 굳다. 앞에 있는 듯이 보였다가 홀연히 뒤에 있는 듯하기도 하다. 선생님은 차근차근 사람을 유도하고 계발하신다. 학문으로써 나의 식견을 넓게 해주시고, 예로써 나의 언행을 단속해 주신다. 그만두려 해도 그만둘 수 없으므로 나도 모르게 나의 재능을 다해서 배우고 따라가려 한다. 그러나 선생님은 더욱 우뚝 높은 지표를 내세우시므로 뒤따라가려고 해도 끝내 뒤따를 수가 없다."

顏淵이 喟然歎曰, 仰之彌高하며 鑽之彌堅하며 瞻之在前이러니 忽焉在後로다. 夫子 循循然 善誘人하사 博我以文하시고 約我以禮하시니라. 欲罷不能하야 旣竭吾才하니 如有所立이 卓爾라. 雖欲從之나 末由也已로라.

11. 자네들 앞에서 죽으니 좋다

공자가 심하게 병을 앓자, 자로가 문인으로 하여금 공자의 가신이 되게 하고 (장례에 참석케 하고자 꾸몄다) 후에 병이 소강상태에 들어가자, 공자가 말했다.

"그간 오래도록 자로가 속여왔구나! 가신이 없는 나에게 가신이 있는 것처럼 꾸몄으니 누구를 속이려는 것이냐? 하늘을 속이자는 것이냐? 또한 나는 가신들 앞에서 죽느니보다는 차라리 그대들 앞에서 죽는 것이 좋을 것이다. 또 내가 비록 성대하게 장례를 치르지 못한다 해도 길에서 죽도록 그대들이 내버려두겠는가?"

子疾病이시어늘 子路使門人으로 爲臣이러니 病間曰, 久矣
哉라 由之行詐也여 無臣而爲有臣하니 吾誰欺오? 欺天乎아
且予與其死於臣之手也론 無寧死於二三子之手乎아 且予
縱不得大葬이나 予死於道路乎아.

12. 나는 값을 놓을 사람을 기다리고 있다

자공이 물었다.

"여기 아름다운 옥이 있다면 궤 안에 감춰 두시겠습니까?
혹은 좋은 값을 놓는 사람을 찾아 파시겠습니까?"

공자가 말했다.

"팔고 말고, 팔고 말고! 나는 값을 놓을 사람을 기다리고
있다."

子貢曰, 有美玉於斯하니 韞匵而藏諸이꼬? 求善賈而沽諸
이꼬? 子曰, 沽之哉라 沽之哉라 我待賈者也로라.

13. 군자가 살면 누추하지 않다

공자가 동쪽 오랑캐의 땅에 가서 살고자 했다.
이에 어떤 사람이

"누추한 곳에 어떻게 살겠습니까?"

하고 말하자 공자가 말했다.

"군자가 자리잡고 살면 어찌 누추하겠소?"

子欲居九夷러시니 或曰, 陋커늘 如之何이꼬? 子曰, 君子居之면 何陋之有리오?

14. 내가 돌아온 후에 음악이 바르게 되다

공자가 말했다.

"내가 위나라에서 노나라로 돌아온 후에 음악이 바로잡혔고 아(雅)와 송(頌)도 제자리를 얻었다."

子曰, 吾自衛反魯 然後에 樂正하야 雅頌이 各得其所하니라.

15. 쉽게 행할 수 있는 예의범절

공자가 말했다.

"밖에 나가서는 공경을 섬기고 집안에서는 부형을 섬기고 상례를 정성을 다 기울여서 치르며 술로 인해 문란해지지 않는다. 이런 것들을 나는 쉽게 행할 수 있다."

子曰, 出則事公卿하고 入則事父兄하며 喪事를 不敢不勉하며 不爲酒困이 何有於我哉오.

16. 물같이 밤낮없이 간다

공자가 냇가에서 말했다.

"가는 것들이 흐르는 물과 같다. 밤낮없이 쉬지 않는구나!"

子在川上曰, 逝者如斯夫인저 不舍晝夜로다.

17. 여색만큼 덕을 좋아하는 사람이 없다

공자가 말했다.
"덕을 좋아하기를 여자 좋아하듯이 하는 사람을 나는 아직
보지 못했다."

子曰, 吾未見好德을 如好色者也케라.

18. 학문에 대한 비유

공자가 말했다.
"학문은 비유컨대, 산을 쌓아 올림과 같다. 흙 한 삼태기가
모자라는데 그만두었다 해도 그것은 내가 그만둔 것이다. 또
비유컨대 땅을 평탄하게 고르는 데 있어, 흙 한 삼태기를 덮
어도 그만큼 진척하니, 그것도 내가 하는 것이다."

子曰, 譬如爲山에 未成一簣하야 止도 吾止也라. 譬如平
地에 雖覆一簣나 進도 吾往也니라.

19. 안회는 게으르지 않으며 따랐다

공자가 말했다.

"말해 준 것을 게으르지 않고 행한 사람은 안회(顏回)일 것이다."

子曰, 語之而不惰者는 其回也與인저.

20. 안회는 항상 앞으로 갔다

공자가 안회를 평하여 말했다.
"아깝구나! (그가 죽다니) 나는 그가 앞으로 나가는 것만 보았지, 그 자리에 머무는 것을 보지 못했다."

子謂顏淵曰, 惜乎라 吾見其進也요 未見其止也호라.

21. 열매를 맺지 못하는 것도 있을 것이다

공자가 말했다.
"싹은 났으나 꽃을 피지 못하는 것도 있으며, 꽃은 피었지만 열매를 맺지 못하는 것도 있을 것이다."

子曰, 苗而不秀者 有矣夫며 秀而不實者 有矣夫인저.

22. 후생가외(後生可畏)

공자가 말했다.
"젊은 후배들을 두려워해야 한다. 장래의 그들이 오늘의 우리만 못할 거라고 어찌 알겠는가? (우리보다 더 잘할 것이다) 그러나, 후배라도 4, 50이 되어도 이름이 알려지지 않으면, 역시 두려울 존재가 못된다."

　　子曰, 後生可畏니 焉知來者之不如今也리오? 四十五十而無聞焉이면 斯亦不足畏也已니라.

23. 잘못을 고치는 것이 더욱 귀중하다

공자가 말했다.

"법도에 맞는 말을 따르지 않을 수 있겠느냐? 그러나 그 말을 따라 잘못을 고치는 것이 더욱 귀중하다. 부드럽게 타이르는 말이 듣기에 즐겁지 않겠느냐? 그러나 그 말의 참뜻을 찾아내는 것이 더욱 귀중하다. 즐거워만 하고 참뜻을 알지 못하거나 따르기만 하고 고치지 않는다면 나로서도 어찌할 도리가 없느니라."

　　子曰, 法語之言은 能無從乎아? 改之爲貴니라. 巽與之言은 能無説乎아? 繹之爲貴니라. 説而不繹하며 從而不改면 吾末如之何也已矣니라.

24. 충성하고 신의를 지켜라

공자가 말했다.

"충성하고 신의를 지켜라. 나보다 못한 사람을 벗으로 삼지 마라. 잘못이 있으면 꺼리지 말고 고쳐라."

子曰, 主忠信하며 母友不如己者요 過則勿憚改니라.

25. 필부라도 그 뜻을 빼앗을 수 없다

공자가 말했다.
"삼군의 총사령관을 빼앗을 수는 있으나, 필부의 뜻을 빼앗을 수는 없다."

子曰, 三軍 可奪帥也어니와 匹夫는 不可奪志也니라.

26. 그것만으로는 족하지 않다

공자가 말했다.
"떨어진 솜옷을 입고 여우나 담비털옷을 입은 사람과 함께 서있어도 부끄러워하지 않는 사람은 자로(子路)일 것이다."
자로가 《시경》에 있는 '해치지도 않고 탐내지도 않으니 어찌 좋지 않겠는가?'라는 구절을 종신토록 외우고자 하자 공자가 말했다.
"그러한 도리만으로 어찌 선하다고 하랴?"

子曰, 衣敝縕袍하야 與衣狐貉者로 立而不恥者는 其由也 與인저. 不忮不求면 何用不臧이리오 子路終身誦之한대 子曰, 是道也로 何足以臧이리오.

27. 추워야 늦게 시드는 나무를 안다

공자가 말했다.
"겨울의 날씨가 추운 다음에 비로소 소나무나 잣나무가 늦게
시드는 것을 알 수 있다."

子曰, 歲寒然後에 知松柏之後彫也니라.

28. 어진 사람은 걱정하지 않는다

공자가 말했다.
"지혜로운 사람은 미혹되지 않고 어진 사람은 걱정하지 않고
용감한 사람은 두려워하지 않는다."

子曰, 知者不惑하고 仁者不憂하고 勇者不懼니라.

29. 함께 배워도 도를 지키는 태도가 다르다

공자가 말했다.
"함께 배울 수 있어도 같이 도를 지켜 갈 수 없으며, 함께
도를 지켜 간다 해도 같은 입장이나 위치에 나설 수는 없으
며, 함께 나선다 해도 같이 권형을 맞출 수는 없다."

子曰, 可與共學이오도 未可與適道며 可與適道오도 未可

與立이며 可與立이오도 未可與權이니라.

30. 진정으로 생각하면 멀지 않다

'당체꽃이 펄럭이는데 어찌 임 생각 않으랴, 그러나 너무 멀구나!'

공자가 말했다.

"진정으로 생각함이 아닌 것이다. (진정으로 생각한다면) 어찌 멀고 말고가 있겠느냐?"

唐棣之華여 偏其反而로다. 豈不爾思리요마는 室是遠而니라. 子曰, 未之思也언정 夫何遠之有리오?

※ ○唐棣(당체)—아가위나무.

제10편 향당편(鄉黨篇)

1. 공손하고 성실하다

공자는 향당에서는 누구에게나 공손하고 성실했으며, 말도
잘 하지 못하는 사람 같았다. 그러나 종묘나 조정에서는 명석
하게 말을 잘하되 지극히 신중했다.

孔子於鄉黨에 恂恂如也하사 似不能言者러시다. 其在宗廟
朝廷하사는 便便言하사대 唯謹爾러시다.

2. 조정에 있을 때의 공자의 태도

조정에서 하대부와 말할 때에는 강직한 태도로 했고, 상대부
에게 간쟁할 때에는 화락(和樂)한 태도로 했다. 임금 앞에서는

지극히 공경하는 태도와 아울러 엄하게 위의(威儀)를 차렸다.

朝에 與下大夫言에 侃侃如也하시며 與上大夫言에 誾誾
如也러시다. 君在시어든 踧踖如也하시며 與與如也러시다.

3. 조정의 예절을 잘 지킨 공자

임금이 불러 내빈을 접대하라고 하면, 엄숙한 낯빛으로 발걸
음을 빨리 하였다. 함께 서있는 여러 내빈에게 읍할 때에는 손
을 좌우로 돌려 읍했다. 그때에도 옷의 앞뒤자락이 가지런히
출렁일 뿐이었다. 빨리 총총걸음으로 갈 때의 자세가 단정했다.
내빈이 물러가면, 반드시 (임금에게)

"손님은 뒤돌아보지 않고 잘 갔습니다."

하고 복명해 올렸다.

君召使擯이시어든 色勃如也하시며 足躩如也러시다. 揖所
與立하시대 左右手러시니 衣前後 襜如也러시다. 趨進에 翼
如也러시다. 賓退에 必復命曰, 賓不顧矣라 하시다.

4. 조정을 출입할 때의 공자

대궐 문에 들어갈 때에는 몸을 굽혀 절하는 듯, 송구스러워
하는 모양이 흡사 문이 좁아서 들지 못하는 듯하였다. 서는 경
우에는 문 가운데에 서지 않으시고 들어갈 때에는 문지방을 밟
지 않으셨다. 임금이 계시던 자리를 지나갈 때에는 표정과 안

색을 엄숙하게 하고 총총걸음으로 지나갔으며 말이 모자라는 듯이 과묵하였다. 옷자락을 잡고 층계를 밟고 당에 오를 때도 절하는 듯이 송구스러운 듯이 숨을 죽이고 호흡을 하지 않는 듯하셨다.

당에서 나와 층계를 하나만 내려와도 안색을 펴 화락한 모양을 했고, 층계를 다 내려와 총총걸음으로 갈 때의 품은 단정하고 아름다우셨으며, 제자리로 돌아가시는 태도는 신중하고 경건하셨다.

入公門하실새 鞠躬如也하사 如不容이러시다. 立不中門하시며 行不履閾이러시다. 過位하실새 色勃如也하시며 足躩如也하시며 其言이 似不足者러시다. 攝齊升堂하실새 鞠躬如也하시며 屛氣하사 似不息者러시다. 出降一等하사는 逞顔色하사 怡怡如也하시며 沒階하사는 趨進翼如也하시며 復其位하사는 踧踖如也러시다.

5. 사신으로 갔을 때의 공자

공자가 (사신으로 가서) 규(圭)를 손에 들고 (다른 나라 임금에게) 바칠 때에는 몸을 굽히고 송구스러운 태도로 하는데 마치 그 무게를 감당하기 어려운 듯했다. 규를 위로 들어올릴 때에는 읍하는 듯, 아래로 내릴 때에는 물건을 넘겨주는 듯했으며 얼굴 표정과 안색을 신중하고 두려워하는 듯하고 발걸음을 땅에 대고 끄는 듯이 총총히 옮겼다. 그후 예물을 진상할 때에는 부드럽고 화평한 안색을 지었다. 다시 개인적으로 회견할 때에는 몹시 즐거운 표정을 지었다.

執圭하사대 鞠躬如也하사 如不勝하시며 上如揖하시고 下如授하시며 勃如戰色하시며 足躩躩如有循이러시다. 享禮에 有容色하시며 私覿에 愉愉如也러시다.

6. 공자의 의복 차림

군자는 보라색과 붉은색으로 옷깃을 장식하지 않는다. 다홍색과 자주색으로 속옷을 만들지 않는다. 여름 더울 때에는 고운 베나 거친 베옷을 겉에 입고 밖에 나간다. 검정 옷을 입을 때에는 검은 양가죽옷을 받쳐입고, 흰옷을 입을 때에는 어린 사슴의 가죽옷을 받쳐입고 누런 옷을 입을 때에는 여우의 가죽옷을 받쳐입는다. 평상 입는 가죽옷은 길게 하되 오른쪽 소매는 짧게 한다. 반드시 잠옷을 마련하며, 그 길이가 키의 한 배 반이나 되게 한다. 사사로이 집안에 편히 있을 때에는 여우나 담비의 두꺼운 털을 바닥에 깔고 앉는다. 탈상한 다음에는 다시 패옥(佩玉)을 찬다. 유상(帷裳)이 아니면 천을 좁게 대어 입는다. 염소 가죽으로 만든 옷과 검은 관을 쓰고 조문하지 않는다. 매월 초하룻날에는 반드시 조복차림으로 조정에 간다.

君子는 不以紺緅飾하시며 紅紫로 不以爲褻服이러시다. 當暑하사 袗絺綌을 必表而出之러시다. 緇衣엔 羔裘요 素衣엔

麑裘구요 黃衣엔 狐裘러시다. 褻裘長하되 短右袂러시다. 必
有寢衣하시니 長一身有半이러라. 狐貉之厚로 以居러시다. 去
喪하사는 無所不佩러시다. 非帷裳이어든 必殺之러시다. 羔裘
玄冠으로 不以弔러시다. 吉月에 必朝服而朝러시다.

7. 재계(齋戒)할 때의 공자

재계할 때에 입는 명의는 반드시 삼베로 만든 것이었다. 재
계할 때에는 반드시 음식을 평소와 다르게 했으며 거처하는 자
리도 반드시 평소와 다르게 했다.

齊必有明衣러시니 布러라. 齊必變食하시며 居必遷坐러시다.

8. 공자의 식생활 격식

밥은 정미한 쌀밥을 싫어하지 않으시고, 회는 가늘게 썬 것
을 싫어하지 않으셨다. 밥이 상하여 쉰 것과, 생선이 상하고 고
기가 부패한 것을 먹지 않으셨다. 빛깔이 나쁜 것을 먹지 않았
으며, 냄새가 나쁜 것을 먹지 않았으며, 익히지 않은 것을 먹지
않았으며, 제철이 아닌 것을 먹지 않으셨다.

바르게 자른 것이 아니면 먹지 않으시고, 간이 맞지 않는 것
을 먹지 않으셨다. 고기가 많아도 밥보다 더 많이 먹지 않으셨
으며, 술은 정한 양은 없으나, (술 마시고) 흐트러지는 일이 없
으셨다. 저잣거리에서 산 술과 육포는 먹지 않으셨다.

생강은 물리지 않고 들었으나 많이 들지는 않으셨다. 관가에 서 제사지내고 물린 고기는 하루 밤을 넘기지 않았으며, 집에 서 제사지내고 물린 고기는 사흘을 넘기지 않으셨다. 사흘이 지난 것은 먹지 않으셨다. 음식을 들 때에는 말을 하지 않았으 며 잠자리에서는 말을 하지 않으셨다. 비록 잡곡밥이나 나물국 이라도 반드시 엄숙하게 고수레를 하셨다.

食不厭精하시며 膾不厭細러시다. 食饐而餲와 魚餒而肉敗 를 不食하시며 色惡不食하시며 臭惡不食하시며 失飪不食하 시며 不時不食이러시다. 割不正이어든 不食하시며 不得其醬 이어든 不食이러시다. 肉雖多나 不使勝食氣하시며 唯酒無量 하사대 不及亂이러시다. 沽酒市脯를 不食하시며 不撤薑食하 시며 不多食이러시다. 祭於公에 不宿肉하시며 祭肉은 不出三 日하더시니 出三日이면 不食之矣니라. 食不語하시며 寢不言 이러시다. 雖疏食菜羹이라도 瓜祭하시대 必齊如也러시다.

9. 앉을 자리

자리가 바르지 않으면, 앉지 않으셨다.

席不正이어든 不坐러시다.

10. 향음례(鄕飮禮)에서의 공자

마을 사람들과 함께 술을 마실 때에는 지팡이를 짚은 노인들

이 나간 다음에 뒤따라 나갔다. 마을 사람들이 역귀를 쫓는 굿
을 할 때에는 조복을 입고 동쪽 섬돌에 서있었다.

　　鄕人飮酒에 杖者出이어든 斯出矣러시다. 鄕人儺에 朝服而
立於阼階러시다.

11. 모르는 약을 안 들다

자기 대신 남을 다른 나라에 보내어 안부를 묻게 할 적에는
그에게 두 번 절을 하고 전송했다.
　계강자가 약을 보내주자 공자는 절을 하며 받고 말했다.
"나는 이 약을 잘 알지 못하므로 감히 먹을 수가 없다."

　　問人於他邦하실새 再拜而送之러시다. 康子饋藥이어늘 拜
而受之曰, 丘未達이라 不敢嘗이라 하시다.

12. 말에 대해서는 묻지 않다

마구간에 불이 나서 탔다. 공자가 퇴청하여
"사람이 상했느냐?"
고 물었으나 말에 대해서는 묻지 않았다.

　　廏焚이어늘 子退朝曰, 傷人乎아 하시고 不問馬하시다.

13. 임금이 음식을 하사하면

임금이 음식을 하사하면 반드시 자리를 바르게 고쳐 앉고 먼저 맛을 보았다. 임금이 생고기를 하사하면 반드시 익혀서 선조 제사상에 올렸다. 임금이 산 짐승을 하사하면 반드시 사육했다. 임금을 모시고 먹을 때에는 임금이 고수레를 하면 (임금을 위하여) 먼저 맛을 보았다. 병들어 누웠을 때 임금이 문병와서 보면 머리를 동쪽으로 두고 몸에 조복을 걸치고 그 위에 큰 띠를 걸쳤다.

임금이 오라고 명하면 수레가 준비되기를 기다리지 않고 먼저 떠났다. 태묘에 들어가서는 모든 일을 하나하나 물었다.

君賜食이시어든 必正席先嘗之하시고 君賜腥이시어든 必熟而薦之하시고 君賜生이시어든 必畜之러시다. 侍食於君에 君祭어시든 先飯이러시다. 疾에 君이 視之어든 東首하시고 加朝服拖紳이러시다. 君이 命召어시든 不俟駕行矣러시다. 入太廟하사 每事問이러시다.

14. 벗의 빈소를 차리게 하다

벗이 죽고 돌아갈 곳이 없으면
"우리집에 빈소를 차리라."
라고 말하셨다. 벗이 준 것은 비록 수레나 말같이 귀중한 것이라도 (제사지낸 고기를 제외하고) 절하지 않으셨다.

朋友死하여　無所歸어든　曰於我殯이라하시다.　朋友之饋는
雖車馬라도　非祭肉이어든　不拜러시다.

15. 천둥 번개 칠 때는 얼굴빛이 변하다

누워서 잘 때는 죽은 사람처럼 (뻗은 자세로) 자지 않았으며,
집에 한가롭게 있을 때에는 위용을 차리지 않으셨다. 부모의
상복을 입은 사람을 보면 아무리 친한 사이라도 엄숙하게 얼굴
빛을 고쳤고 면관을 쓴 사람이나 소경을 보면 아무리 친한 사
이라도 반드시 예모를 갖추셨다. 상복을 입은 사람에게는 모르
는 사이라도 식(式)의 예를 하셨으며 부판의 상복을 입은 사람
에게도 식의 예를 하셨다. 성찬이 나오면 반드시 정색하고 주
인에게 경의를 표하셨다. 우레가 치고 바람이 심하게 불 때에
는 반드시 얼굴빛이 변하셨다.

寢不尸하시며　居不容일거시다.　見齊衰者하시고　雖狎이나
必變하시며　見冕者與瞽者하시고　雖褻이나　必以貌러시다. 凶
服者를　式之하시며　式負版者러시다.　有盛饌이어든　必變色而
作이러시다.　迅雷風烈에　必變이러시다.

16. 수레를 탔을 때는 손잡이를 잡으시다

수레에 올랐을 때는 반드시 바로 서서 손잡이를 잡으셨다.

수레 안에서는 돌아보지 않고 말을 빨리 하지 않고 손가락질
하지 않으셨다.

升車하사 必正立 執綏러시다. 車中에 不內顧하시며 不疾
言하시며 不親指러시다.

17. 때를 만난 암꿩

꿩이 사람의 기색을 살피고 날아 올라가 빙빙 돌다가 다시
내려와 앉았다. 공자가
"산 계곡 다리에 있는 암꿩이 때를 만났구나, 때를 만났
구나!"
하고 말하셨다. 자로가 그 꿩을 잡아 올리자 공자가 세 번 냄
새를 맡고 일어나셨다.

色斯擧矣하야 翔而後集이니라. 曰, 山梁雌雉이 時哉時哉
인저. 子路共之한대 三嗅而作하시다.

제11편 선진편(先進篇)

1. 촌사람 같은 선배를 따르겠다

공자가 말했다.

"선배들은 예악에 대해서 촌사람 같다 하고, 후배들은 예악에 대해서 군자답다고 말한다. 그러나 내가 만일 (어느 한 쪽을) 택한다면 곧 선배들을 택하겠다."

子曰, 先進이 於禮樂에 野人也요 後進이 於禮樂에 君子也라 하나니 如用之 則吾從先進호리라.

※ ㅇ先進(선진)─초기의 공자의 제자들. 즉 자로(子路)·민자건(閔子騫)·칠조개(漆雕開) 등. ㅇ後進(후진)─후기의 공자의 문하생들. 즉 자하(子夏)·자유(子游)·자장(子張) 등.

2. 초기의 뛰어난 제자들

공자가 말했다.

"나를 따라 진과 채에서 고생을 한 제자들은 아무도 벼슬에 오르지 못했구나. 덕행으로는 안연·민자건·염백우·중궁이 뛰어났고, 언어에는 재아·자공이 뛰어났고, 정사에는 염유와 계로가 뛰어났고, 문학에는 자유와 자하가 뛰어났다."

子曰, 從我於陳蔡者 皆不及門也로라. 德行엔 顏淵閔子騫冉伯牛仲弓이오 言語엔 宰我子貢이오 政事엔 冉有季路이오 文學엔 子游子夏니라.

3. 안회는 말을 기쁘게 따르고 행했다

공자가 말했다.

"안회는 나에게 도움을 주는 사람이 아니다. 그는 내 말을 잘 이해하고 기쁘게 따르고 행했다."

子曰, 回也는 非助我者也로다. 於吾言에 無所不說이로다.

4. 민자건은 참으로 효성스럽다

공자가 말했다.

"민자건은 참으로 효성스럽다. 그의 부모 형제가 그를 효제라고 칭찬하는 말을 비난할 사람은 아무도 없을 것이다."

　　子曰, 孝哉라 閔子騫이여. 人不間於其父母昆弟之言이로다.

5. 형의 딸을 남용에게 시집보내다

남용이 백규의 시를 세 번이나 되풀이하고 외웠으므로 공자
가 자기 형님의 딸을 그에게 시집보냈다.

　　南容이 三復白圭어늘 孔子以其兄之子로 妻之하시다.

6. 단명으로 죽은 안회

계강자가 제자에 대해서 물었다.
"누가 배우기를 좋아합니까?"
공자가 대답했다.
"안회라는 사람이 배우기를 좋아했는데 불행하게도 단명으로
죽었으며 지금에는 없습니다."

　　季康子 問弟子 孰爲好學이니이꼬? 孔子對曰, 有顔回者
好學하더니 不幸短命死矣라 今也則亡하니라.

7. 대부였던 나는 걸어다닐 수 없다

안연이 죽자 (그의 아버지) 안로가 공자의 수레로 (자기 아

들의) 덧관을 마련해 달라고 간청했다. 이에 공자가 말했다.

"재주가 있거나 없거나 (부모는) 다 같이 자기 자식이라 말한다. 내 자식 이(鯉)가 죽었을 때도 나는 관만 있었지 덧관은 없었다. 나는 걸어다니면서까지 아들의 덧관을 마련해 줄 수가 없었다. 그 이유는 내가 대부의 말석에 참여한 적이 있었기 때문에 걸어다닐 수 없기 때문이다."

顔淵이 死커늘 顔路 請子之車以爲之槨한대 子曰, 才不才에 亦各言其子也니 鯉也死커늘 有棺而無槨하니 吾不徒行하야 以爲之槨은 以吾從大夫之後라 不可徒行也니라.

8. 하늘이 나를 버리다

안연이 죽자, 공자가 한탄했다.

"아아! 하늘이 나를 버리셨다, 하늘이 나를 버리셨다."

顔淵死 子曰, 噫라 天喪予삿다 天喪予삿다.

9. 공자가 통곡하고 울다

안연이 죽자 공자가 통곡하며 소리내어 울었다. 따라갔던 제자가 '선생님께서 통곡하셨다'고 말하자 공자가 말했다.

"내가 통곡을 했다고? 하기는 그를 위하여 통곡하지 않으면 누구를 위해 통곡하겠느냐?"

顏淵이 死커늘 子 哭之慟하신대 從者曰, 子慟矣사로이다.
曰, 有慟乎아 非夫人之爲慟이오 而誰爲리오?

10. 장례는 격식이 중요한 것이 아니다

안연이 죽자 문인들이 성대하게 장사를 지내려고 하는 것을
공자가
"안된다."
고 말했다. 그러나 문인들이 성대하게 장사를 지내 주었다. 이
에 공자가 말했다.
"안회는 나를 친아버지처럼 생각해 주었으나 나는 그를 친자
식처럼 대해 주지 못했다. 그것은 나 때문이 아니고 너희들
몇 사람 때문이다."

顏淵死커늘 門人欲厚葬之한대 子曰, 不可하니라. 門人이
厚葬之한대 子曰, 回也는 視予猶父也어늘 予不得視猶子也
호니 非我也라 夫二三子也니라.

11. 먼저 사람을 섬기고, 삶을 알아야 한다

자로가 귀신 섬기는 일에 대해 묻자 공자가 말했다.
"사람도 제대로 섬기지 못하는데 어찌 귀신을 섬길 수 있겠
느냐?"
(자로가 다시)

"감히 죽음에 대해 묻고자 합니다."

하자 공자가 말했다.

"삶에 대해서도 잘 모르는데 어찌 죽음에 대해 알겠느냐?"

季路 問事鬼神한대 子曰, 未能事人이면 焉能事鬼리오? 敢問死하노이다. 曰, 未知生이면 焉知死리오?

12. 너무 강직하면 천수를 다하기 어렵다

공자를 모시는 데 민자건은 공손했고 자로는 강직했고 염유와 자공은 부드러웠다. 이에 공자는 즐거운 듯이 말했다.

"자로 같은 사람은 천수를 다 누리기 어려울 것이다."

閔子는 侍側에 誾誾如也하고 子路는 行行如也하고 冉有 子貢은 侃侃如也어늘 子樂하시며 曰, 若由也는 不得其死然 이로다.

13. 민자건의 말은 사리에 맞는다

노나라 사람이 장부라는 창고를 만들자 민자건이 말했다.

"옛날 것을 그대로 쓰면 어떠한가? 무엇 때문에 반드시 고쳐야 하는가?"

이 말을 듣고 공자가 말했다.

"그 사람은 말이 없는 사람이지만 말을 하면, 그 말이 반드시 사리에 맞는다."

魯人이 爲長府러니 閔子騫이 曰, 仍舊貫如之何오? 何必
改作이리오 子曰, 夫人不言이언정 言必有中이니라.

14. 자로는 당에는 오를 수 있다

공자가 말했다.

"자로 정도의 거문고를 어찌 우리 문중에서 타는가?"

이에 제자들이 자로를 존경하지 않게 되자 공자가 다시 말
했다.

"자로는 그만하면 당에는 오를 수 있다. 아직 실에 들 만하
지 못할 뿐이다."

子曰, 由之鼓瑟을 奚爲於丘之門고? 門人이 不敬子路한
대 子曰, 由也는 升堂矣오 未入於室也니라.

15. 과유불급(過猶不及)이니라

자공이 물었다.

"사와 상은 누가 더 현명합니까?"

공자가 말했다.

"사는 지나치고 상은 미치지 못한다."

자공이

"그러면 사가 더 낫습니까?"

하고 묻자, 공자가 말했다.

"지나친 것은 미치지 못함과 같다."

> 子貢이 問, 師與商也 孰賢이니이꼬? 子曰, 師也는 過하고 商也는 不及이니라. 曰, 然則師愈與이꼬? 子曰, 過猶不及이니라.

16. 그를 공격해도 좋다

계씨가 노나라 임금보다 더 부자인데도, 염구가 그를 위해서 무거운 세금을 부과하고 심하게 거둬들임으로써 계씨의 재물을 더욱 불려주었다. 이에 공자가 말했다.

"염구는 나의 제자가 아니다. 그대들이 전고를 울리고 그를 공격해도 좋다."

> 季氏富於周公이어늘 而求也爲之聚斂而附益之한대 子曰, 非吾徒也로소니 小子이 鳴鼓而攻之可也니라.

17. 시는 우직하고 삼은 둔하다

시는 우직하고 삼은 둔하다. 사는 치우치고 유는 거칠다.

> 柴也는 愚하고 參也는 魯하고 師也는 辟하고 由也는 喭이니라.

※ ○柴(시)—자고(子羔). ○參(삼)—증삼(曾參). ○師(사)—자장(子張). ○由(유)—자로(子路). 이상 네 사람 모두 공자의 제자임.

18. 안회와 자공

공자가 말했다.

"안회는 도에 가까웠다. 그러나 그는 가난하여 자주 쌀궤가 비었다. 자공은 천명을 받지 않고 재물을 불렸다. 그러나 슬기로운 그의 추측은 거의 적중했다."

子曰, 回也는 其庶乎오 屢空이니라. 賜는 不受命이요 而 貨殖焉이니 億則屢中이니라.

19. 선인이 되는 길

자장이 선인의 도를 묻자 공자가 말했다.

"옛날의 성인의 발자취를 밟고 따르지 않으면 깊은 방에 들어가지 못한다."

子張이 問善人之道한대 子曰, 不踐迹이나 亦不入於室이 니라.

20. 변론을 잘한다고 편드는 사람

공자가 말했다.

"변론을 잘한다고 편을 들지만, 과연 그 사람이 군자일까?

외모만 장중하게 꾸미는 사람은 아닐까?"

子曰, 論篤을 是與면 君子者乎아? 色莊者乎아?

21. 소극적인 사람은 밀고, 적극적인 사람은 억제한다

자로가
"좋은 말을 들으면 즉시 행해야 합니까?"
하고 묻자 공자가
"부형이 계시니 어떻게 네 판단만으로 행할 것이냐?"
라고 대답했다. (이번에는) 염유가
"좋은 말을 들으면 즉시 행해야 합니까?"
하고 묻자 공자가
"들은 즉시 행하라."
고 대답했다.
이에 공서화가 아뢰었다.
"유가 '들은 즉시 행할까요'라고 묻자 '부형이 계신데' 하시더니, 구가 '들은 즉시 행할까요'라고 묻자 '들은 즉시 행하라'고 하시니 저로서는 어느 쪽이 옳은지 헷갈립니다. 감히 그 연유를 묻고자 합니다."
이에 공자가 말했다.
"구는 소극적이니깐 적극적으로 나서라 했고, 유는 남보다 훨씬 적극적이니까 뒤로 물러서게 한 것이다."

子路 問聞斯行諸이꼬? 子曰, 有父兄이 在하니 如之何 其
聞斯行之리오. 冉有 問聞斯行諸이꼬? 子曰, 聞斯行之니라.
公西華曰, 由也問 聞斯行諸어늘 子曰, 有父兄在라 하시고
求也問 聞斯行諸어늘 子曰, 聞斯行之라 하시니 赤也惑하야
敢問하노이다. 子曰, 求也는 退 故로 進之하고 由也는 兼人
故로 退之호라.

22. 선생님이 계신데 제가 어찌 죽습니까?

공자가 광이란 곳에서 난을 당하였을 때 안연이 뒤늦게 오
자, 공자가
"나는 그대가 죽은 줄 알았다."
고 말했다. 그러자 안연이 아뢰었다.
"선생님이 계신데 제가 어찌 죽습니까?"

子 畏於匡하실세 顏淵이 後러니 子曰, 吾以女爲死矣로라.
曰, 子在어시니 回何敢死리이꼬?

※ ㅇ匡(광)-〈자한편(子罕篇)〉참조

23. 대신은 바른 도리로써 임금을 섬긴다

계자연이
"중유와 염구는 대신이라고 할 수 있습니까?"
하고 묻자, 공자가 말했다.

"나는 당신이 색다른 질문을 할 줄 알았는데 고작 유와 구에 대해 묻는군요. 이른바 대신은 바른 도리로써 임금을 섬기고 그렇지 못하면 물러나는 사람을 말합니다. 지금의 유와 구는 이른바 신하 속에는 들 수 있겠지요."

계자연이

"그렇다면 주인이 하고자 하는 일에 따르기는 합니까?"

하고 묻자 공자가 말했다.

"아비와 임금을 시해하는 일에는 그들도 따르지 않을 것입니다."

季子然이 問, 仲由冉求는 可謂大臣與이꼬? 子曰, 吾以子爲異之問이러니 曾由與求之問이로라. 所謂大臣者는 以道事君하다가 不可則止하나니 今由與求也는 可謂具臣矣니라. 曰, 然則從之者與이꼬? 子曰, 弑父與君은 亦不從也리라.

※ ○季子然(계자연)―노(魯)나라의 실권자인 계씨(季氏) 일파.

24. 궤변 잘하는 자는 밉다

자로가 자고로 하여금 계씨의 영지인 비(費)의 읍재가 되게 하자, 공자가 말했다.

"남의 집 아들을 망치게 하는구나."

이에 자로가 아뢰었다.

"백성을 다스리는 일도 있고 사직을 받드는 일도 있으며 (그것을 통해 도를 배우고 익힐 수 있습니다) 어찌 반드시 책 읽는 것만을 학문이라고 하겠습니까?"
그러자 공자가 말했다.
"그러므로 말 잘하는 자가 밉다는 것이다."

子路 使子羔로 爲費宰한대 子曰, 賊夫人之子로다. 子路
曰, 有民人焉하며 有社稷焉하니 何必讀書 然後에 爲學이리
꼬? 子曰, 是故로 惡夫佞者하노라.

25-1. 뜻을 말해봐라

자로·증석·염유·공서화가 공자를 모시고 앉아 있었다. 그
러자 공자가 말했다.
"내가 약간 나이가 많다고 해서 어려워 마라. 그대들은 평소
에 '나를 남이 몰라준다'고 말하지만 만약 그대들을 알아서
써준다면 어떻게 하겠느냐?"

子路 曾晳 冉有 公西華 侍坐러니 子曰, 以吾一日長乎
爾나 毋吾以也하라. 居則曰, 不吾知也라 하나니 如或知爾면
則何以哉오?

25-2. 자로의 대답

자로가 불쑥 나서며 말했다.
"천승(千乘)의 제후의 나라가 강대국 사이에 끼어 더더욱 무
력 침략을 받고 아울러 기근이 들어 궁핍해도 제가 나서서

다스리면 3년 안으로 나라를 강하게 만들고 백성들에게 방정
한 길을 알게 하겠습니다."
공자가 빙그레 웃었다.

子路 率爾而對曰, 千乘之國이 攝乎大國之間하야 加之
以師旅로 因之以饑饉이어든 由也爲之면 比及三年하야 可
使有勇이요 且知方也케 호리이다. 夫子哂之하시다.

25-3. 염유의 대답

"구야! 너는 어떠하냐?"
(공자가 묻자, 염유가 대답했다)
"사방 6, 70리 혹은 더 적은 5, 60리 되는 나라를 제가 맡아
다스린다면 3년 정도로 민생을 풍족하게 할 수 있을 겁니다.
그러나 예악은 (제 힘으로는 못하므로) 다른 군자를 기다리
겠습니다."

求아 爾는 何如오? 對曰, 方六七十과 如五六十에 求也爲
之면 比及三年하야 可使足民이어니와 如其禮樂엔 以俟君子
호리다.

25-4. 공서화의 대답

"적아! 너는 어떠하냐?" (하고 묻자, 공서화가 대답했다)
"제가 할 수 있는 바가 아니고 배우고자 원하는 바를 아뢰겠

습니다. 종묘의 제사나 제후들의 회합 때에 검은 예복과 예관을 갖추어 차리고 군자의 예를 돕고 싶습니다."

赤아 爾는 何如오? 對曰, 非曰能之라 願學焉하노이다. 宗廟之事와 如會同에 端章甫로 願爲小相焉하노이다.

25-5. 증석의 대답

"점아! 너는 어떠하냐?"

(공자가 물었다) 증석은 조용히 거문고를 타고 있다가 크게 한바탕 소리를 튕기고 거문고를 놓고 일어서서 대답했다.

"저는 세 사람의 생각과 다릅니다."

"무슨 걱정이냐? 각자가 제 뜻을 말하는 것이다."

(이에 증석이 말했다)

"늦은 봄에 봄옷을 만들어 입고, 관을 쓴 벗 대여섯과 아이들 6, 7명과 같이 기수에서 목욕하고 기우제 드리는 곳에서 바람을 쐬고 노래를 부르다가 돌아오겠습니다."

공자가 찬성하고 감탄하면서

"나도 너와 같다."

고 말했다.

點아 爾는 何如오? 鼓瑟希러니 鏗爾 舍瑟而作하야 對曰, 異乎三子者之撰호이다. 子曰, 何傷乎리오? 亦各言其志也니라. 曰, 莫春者에 春服旣成이어든 冠者五六人과 童子六七

人으로 浴乎沂하야 風乎舞雩하야 詠而歸호리이다. 夫子 喟
然歎曰, 吾與點也하노라.

25-6. 공자의 평

세 사람이 나가고 증석만이 뒤에 처졌다. (이하 증석과 공자
의 대화임)

"세 사람의 말을 어떻게 생각하십니까?"

"저마다의 뜻을 말했을 뿐이다."

"선생님께서는 왜 유의 말을 듣고 웃으셨습니까?"

"나라는 예로써 다스려야 하는데 그의 말이 겸양하지 못해서
웃은 것이다."

"구가 말한 것도 나라를 다스리겠다는 뜻이 아닙니까?"

"사방 6, 70리이건 또는 5, 60리이건 역시 나라가 아니겠느
냐? 구가 작은 나라의 경제만을 잘하겠다고 말한 것은 겸손
을 보인 것이다."

"그렇다면 적이 말한 것도 나랏일이 아니겠습니까?"

"종묘에 제사드리는 일과, 제후들의 회동하는 일이 어찌 제
후의 일이 아니겠느냐? 가장 큰 국가의 일이다. 그런데 적
이 지나치게 겸손하여 작은 일을 돕겠다고 말했으니 그러면
누가 그보다 큰 일을 돕는단 말이냐?"

三子者出커늘 曾晳이 後러니 曾晳曰, 夫三子者之言이 何
如하니이꼬? 子曰, 亦各言其志也已矣니라. 曰, 夫子 何哂由

也시니이꼬? 曰, 爲國以禮어늘 其言이 不讓이라 是故로 哂
之호라. 唯求則非邦也與이꼬? 安見方六七十과 如五六十而
非邦也者리오. 唯赤則非邦也與이꼬? 宗廟會同이 非諸侯而
何오? 赤也 爲之小면 孰能爲之大리오?

제12편 안연편(顔淵篇)

1-1. 인(仁)은 극기복례(克己復禮)

안연이 인에 대해서 묻자 공자가 대답했다.

"자신의 이기적 욕심을 극복하고 천리에 돌아가는 것이 곧 인의 실천이다. 하루만이라도 (임금이) 이기적 욕심을 극복하고 천리에 돌아가면, 천하 만민이 다 인에 돌아가게 된다. 인의 실천은 자기 자신에게 달려 있는 것이다. 남에게 달려 있는 것이겠는가?"

顔淵 問仁한대 子曰, 克己復禮 爲仁이니 一日克己復禮면 天下歸仁焉하나니 爲仁이 由己 而由人乎哉아.

1-2. 인의 실천 사항

안연이
"그 조목을 일러주십시오."
라고 하자 공자가 말했다.
"예가 아니면 보지 말고, 예가 아니면 듣지 말고, 예가 아니
면 말하지 말고, 예가 아니면 행하지 마라."
안연이 말했다.
"제가 비록 불민하지만 말씀대로 실천하겠습니다."

　　顔淵曰, 請問其目하노이다. 子曰, 非禮勿視하며 非禮勿聽
하며 非禮勿言하며 非禮勿動이니라. 顔淵曰, 回雖不敏이나
請事斯語矣로리이다.

2. 내가 원치 않는 것을 남에게 강요하지 마라

중궁이 인에 대해 묻자 공자가 말했다.
"문 밖에 나가 사람을 대할 때에는 큰손님을 뵙는 듯이 하
고 백성들을 부릴 때에는 큰제사를 모시는 듯이 해야 한다.
또 내가 원치 않는 바를 남에게 강요하지 마라. (그렇게 하
면) 나라에서도 집안에서도 원망이 없게 될 것이다."
중궁이 말했다.
"제가 비록 불민하지만 말씀대로 실천하겠습니다."

仲弓이 問仁한대 子曰, 出門如見大賓하며 使民如承大祭하고 己所不欲을 勿施於人이니 在邦無怨하며 在家無怨하니라. 仲弓이 曰, 雍雖不敏이나 請事斯語矣로리이다.

3. 말을 신중하게 함이 인(仁)이다

사마우가 인에 대해서 묻자 공자가 말했다.

"인은 말을 신중하게 하는 것이다."

이에 사마우가

"말을 신중하게 하는 것이 곧 인이겠습니까?"

하고 재차 묻자 공자가 말했다.

"행하기 어려우니 말을 신중하게 아니할 수 있겠느냐?"

司馬牛問仁한대 子曰, 仁者는 其言也訒이니라. 曰, 其言也訒이면 斯謂之仁已乎이꼬? 子曰, 爲之難하니 言之得無訒乎아.

4. 군자는 두려워하지 않고 겁내지 않는다

사마우가 군자에 대해서 묻자 공자가 대답했다.

"군자는 두려워하지도 않고 겁내지도 않는다."

사마우가

"두려워하지도 않고 겁내지도 않으면 그것으로 군자라 하겠습니까?"

하고 거듭 묻자 공자가 말했다.

"속으로 살펴서 허물이 없거늘 어찌 두려워하며 겁을 내겠느냐?"

司馬牛 問君子한대 子曰, 君子는 不憂不懼니라. 曰, 不憂不懼면 斯謂之君子已乎이꼬? 子曰, 內省不疚어니 夫何憂何懼리오?

5. 사생유명(死生有命) 부귀재천(富貴在天)

사마우가 걱정하며,

"남들은 다 형제들이 있는데 저만 형제가 없군요."

하고 말하자, 자하가 그에게 말했다.

"저는 '생사는 명을 따르고 부귀는 하늘에 매여 있다'고 들었습니다. 또 저는 '군자로서 몸가짐을 경건히 하고, 일처리를 도에 따라 실수없이 하고, 아울러 남에게 공손하고 예절바르게 대하면 사해 안의 모든 사람들이 다 형제가 된다'고 들었습니다. 그러니 군자인 당신이 어찌 형제 없음을 걱정하십니까?"

司馬牛憂曰, 人皆有兄弟어늘 我獨亡로다. 子夏曰, 商은 聞之矣로니 死生이 有命이오 富貴在天이라호라. 君子敬 而無失하고 與人恭 而有禮면 四海之內 皆兄弟也니 君子何患乎無兄弟也리오?

6. 참언이나 하소연을 가리는 것이 총명

자장이 총명에 대해서 묻자 공자가 대답했다.

"물이 스며들어 적시듯이 은근히 하는 참언이나 피부로 느껴질 듯이 절박하게 하는 하소연에 넘어가지 않아야 총명하다고 말할 수 있다. 더욱 물이 스며들어 적시듯이 은근히 하는 참언이나 피부로 느껴질 듯이 절박한 하소연에 넘어가지 않아야 멀리 내다볼 수 있게 된다."

　　子張이 問明한대 子曰, 浸潤之譖이 膚受之愬 不行焉이면 可謂明也已矣니라. 浸潤之譖이 膚受之愬 不行焉이면 可謂遠也已矣니라.

7. 믿음이 없으면 나라가 존립할 수 없다

자공이 정치에 대해서 묻자 공자가 대답했다.

"백성의 식량을 충족하게 하고 나라의 무력을 충실하게 하고 아울러 모든 사람이 (나라를) 믿게 해야 한다."

자공이

"만부득이 한 가지를 버려야 한다면 셋 중의 어느 것을 먼저 버려야 합니까?"

하고 묻자 공자가 말했다.

"무력을 버려야 한다."

자공이 또,

"만부득이 한 가지를 더 버려야 한다면 나머지 둘 중의 어느 것을 버려야 합니까?"

하고 묻자, 공자가 말했다.

"식량을 버려야 한다. 자고로 사람은 다 죽게 마련이다. 그러나 믿음이 없으면 나라가 존립할 수 없다."

> 子貢이 問政한대 子曰, 足食 足兵이면 民信之矣리라. 子貢曰, 必不得已而去인댄 於斯三者에 何先이리이꼬? 曰, 去兵이니라. 子貢曰, 必不得已而去인댄 於斯二者에 何先이리이꼬? 曰, 去食이니 自古皆有死어니와 民無信不立이니라.

8. 군자는 덕성과 학식을 겸해야 한다

위나라 대부 극자성이 말했다.

"군자는 본질(本質)만을 높이면 된다. 어찌 문식(文飾)을 가하려 하는가?"

이에 대하여 자공이 말했다.

"아깝게도 그대의 군자에 대한 설은 맞지 않습니다. 빨리 달리는 사두마의 수레도 (한번 내뱉은) 실언(失言)을 뒤쫓아갈 수 없다고 했습니다. 문식이 본질이고 본질이 문식이라고 하여 (그 둘의 차이를 인정하지 않는다면) 호랑이나 표범의 가죽이 개나 양의 가죽과 같다고 하는 격입니다."

> 棘子成이 曰, 君子는 質而已矣니 何以文爲리오? 子貢이

曰, 惜乎라 夫子之説이 君子也나 駟不及舌이로다. 文猶質
也며 質猶文也니 虎豹之鞟이 猶犬羊之鞟이니라.

9. 백성이 풍족해야 임금도 풍족하다

애공이 유약에게

"금년에는 기근이 들어 국가의 비용이 모자라니 어떻게 하면
좋겠소?"

하고 묻자 유약이

"왜 '10분지 1을 받는 세법'을 쓰지 않으십니까?"

하고 되물었다. 애공이

"지금 '10분지 2를 받는 세법'으로도 내가 모자라는데, 어떻
게 '10분지 1을 받는 세법'을 쓰겠소?"

라고 했다. 이에 유약이 말했다.

"백성이 풍족하면 어찌 임금이 부족하겠습니까? 백성이 부
족하면 어찌 임금이 풍족하겠습니까?"

　　哀公이 問於有若 曰, 年饑 用不足하니 如之何오? 有若이
對曰, 盍徹乎시니이꼬? 曰, 二도 吾猶不足이어니 如之何 其
徹也리오? 對曰, 百姓이 足이면 君孰與不足이며 百姓이 不
足이면 君孰與足이리이꼬?

10. 덕을 높이려면 충성과 신의, 도의를 실천하라

자장이 덕을 높이고 미혹을 분별하는 일에 대해서 묻자, 공

자가 말했다.

"충성과 신의를 중하게 여기고 도의를 실천하는 것이 곧 덕을 높이는 일이다. 내가 좋아하면 그가 살기를 바라고 내가 미워하면 그가 죽기를 바라지만 그와 같이 살기를 바랐다가 또 죽기를 바라는 것이 곧 미혹이다."

子張이 問崇德辨惑한대 子曰, 主忠信하며 徙義 崇德也니라. 愛之란 欲其生하고 惡之란 欲其死하니니 旣欲其生이오 又欲其死 是惑也니라.

* 이 절(節) 끝에 '참으로 부하기 때문이 아니라 단지 다를 뿐이다. (誠不以富오 亦祇以異로다)'라고 되어있는 것은 착간(錯簡)이다.

11. 임금은 임금다워야 하고 신하는 신하다워야 한다

제나라의 경공이 공자에게 정치에 대해서 묻자 공자가 대답했다.

"임금은 임금다워야 하고 신하는 신하다워야 하고, 아비는 아비다워야 하고 자식은 자식다워야 합니다."

이에 경공이 말했다.

"좋은 말이오! 참으로 임금이 임금답지 못하고 신하가 신하답지 못하고 아비가 아비답지 못하고 자식이 자식답지 못하면 비록 곡식이 창고에 가득한들 내가 어찌 먹을 수 있겠소 ?"

　齊景公이 問政於孔子한대 孔子 對曰, 君君 臣臣 父父
子子니이다. 公曰, 善哉라. 信如君不君하며 臣不臣하며 父不
父하며 子不子면 雖有粟이나 吾得而食諸아?

12. 한마디로 판결을 내리는 자로

공자가 말했다.

"한마디 말로써 판결을 내릴 수 있는 사람은 유일 것이다."
자로는 승낙한 일을 묵히는 법이 없다.

　子曰, 片言에 可以折獄者는 其由也與인저. 子路는 無宿
諾이리라.

13. 송사를 없게 한다

공자가 말했다.

"송사를 처리하는 일은 나도 남과 같지만 (나의 경우는) 반
드시 송사 자체를 없게 하려고 한다."

　子曰, 聽訟이 吾猶人也나 必也使無訟乎인저.

14. 자리에 있으면 충성스럽게 일을 처리하라

자장이 정치에 대해서 묻자 공자가 말했다.

"자리에 있으면 게을리하지 말고 충성스럽게 일을 처리하라."

子張이 問政한대 子曰, 居之無倦하며 行之以忠이니라.

15. 박문약례(博文約禮)

공자가 말했다.
"널리 글을 배우고 예로써 단속을 해야 도에 어긋나지 않게
될 것이다."

子曰, 博學於文이오 約之以禮면 亦可以弗畔矣夫인저.

16. 군자는 남의 장점을 도와 아름답게 한다

공자가 말했다.
"군자는 남의 장점을 도와 더욱 아름답게 해주고, 남의 단점
을 눌러 악하게 되지 않도록 한다. 그러나, 소인은 이와 반대
로 한다."

子曰, 君子 成人之美하고 不成人之惡하나니 小人은 反是
니라.

17. 정치는 바로잡는 것이다

계강자가 공자에게 정치에 대해서 묻자 공자가 말했다.

"정치는 바로잡는 것입니다. 그대가 앞장서서 바르게 하면, 그 누가 감히 바르지 않게 하겠습니까?"

季康子 問政於孔子한대 孔子對曰, 政者는 正也니 子帥 以正이면 孰敢不正이리오?

※ ○季康子(계강자)─노(魯)나라의 참월무도한 대부(大夫).

18. 임금이 맑으면 도둑이 없다

계강자가 도둑을 걱정하여 공자에게 묻자 공자가 말했다.
"우선 당신 자신이 탐욕하지 않으면 비록 상을 준다고 해도 도둑질할 사람이 없을 것이오."

季康子 患盜하야 問於孔子한대 孔子對曰, 苟子之不欲이면 雖賞之라도 不竊하리라.

19. 임금이 착하면 백성도 착하게 된다

계강자가 정치에 대하여 물으면서 공자에게 말했다.
"만약 무도한 사람을 사형에 처하고 백성들로 하여금 도를 지키게 하면 어떻겠소?"
이에 공자가 말했다.
"당신은 정치를 하겠다면서 어찌 살인을 하려고 하십니까? 당신이 선하려고 애를 쓰면 백성들이 선하게 됩니다. 군자의 덕은 바람과 같고 소인의 덕은 풀과 같은 것입니다. 풀은 바람이 불면 반드시 쏠리어 따르게 마련입니다."

季康子 問政於孔子曰, 如殺無道하야 以就有道인댄 何如하니이꼬? 孔子對曰, 子爲政에 焉用殺이리오? 子欲善이면 而民이 善矣러니 君子之德은 風이요 小人之德은 草라 草上之風이며 必偃하느니라.

20. 통달함은 명성 얻음과 다르다

자장이
"선비는 어떻게 하면 통달했다고 할 수 있습니까?"
하고 묻자 공자가
"네가 말하는 통달이란 무슨 뜻이냐?"
라고 반문했다. 이에 자장이
"제후의 나라에서도 반드시 이름이 나고 경대부의 영지에서도 반드시 이름이 나는 것입니다."
라고 대답했다. 그러자 공자가 말했다.
"그것은 명성이지 통달이 아니다. (참으로 통달하는 사람은) 성품이 소박 강직하고 정의를 사랑하고, 남의 말을 깊이 살피고 남의 기색을 관찰하고 또 신중한 태도로 남에게 겸손해한다. 그래야 제후의 나라에서도 통달할 수 있고 또 경대부의 영지에서도 통달할 수가 있는 것이다. 그러나 명성을 얻기만 하는 사람은 겉으로는 인을 취하는 척하면서 실지로는 인에 어긋나는 짓을 한다. 그러면서도 자기의 처신에 대해서 의아하게 여기지 않는 사람이다. 이들이 곧 제후의 나라에서도 이름을 내고, 경대부의 영지에서도 이름을 내는 것이다.”

子張이 問士 何如라야 斯可謂之達矣니이꼬? 子曰, 何哉오 爾所謂達者여! 子張이 對曰, 在邦必聞하며 在家必聞이니이다. 子曰, 是는 聞也라 非達也니라. 夫達也者는 質直而好義하며 察言而觀色하야 慮以下人하나니 在邦必達하며 在家必達이니라. 夫聞也者는 色取仁而行違요 居之不疑하나니 在邦必聞하며 在家必聞이니라.

21. 번지가 덕 높이는 길을 묻다

번지가 공자를 따라 무우단(舞雩壇) 아래에서 바람을 쏘이다가 아뢰었다.

“감히 여쭈어 보겠습니다. 덕을 높이고 악을 바로잡고 미혹을 분별하는 길을 일러주십시오.”

이에 공자가 말했다.

“참으로 좋은 질문이다. 일을 앞세우고 얻기를 뒤로 하면 그것이 덕이 아니겠느냐? 자신의 나쁜 점을 스스로 탓하고 남의 나쁜 점은 탓하지 않는 것이 바로 악을 바로잡는 길이 아니겠느냐? 하루 아침의 분을 참지 못하고 포악한 짓을 하여 그 누를 부모에게까지 미치게 하는 것이 미혹이 아니겠느냐?"

　　樊遲 從遊於舞雩之下러니 曰, 敢問崇德 脩慝 辨惑하노
이다. 子曰, 善哉라 問이여. 先事後得이 非崇德與아. 攻其惡
이오. 無攻人之惡이 非脩慝與아. 一朝之忿으로 忘其身하야
以及其親이 非惑與아.

※ ○舞雩(무우)－기우제(祈雨祭)를 지내던 단(壇)이 있는 곳.

22. 인(仁)은 남을 사랑함이다

번지가 인(仁)에 대하여 묻자 공자가 말했다.
"남을 사랑함이다."
번지가 다시 지(知)에 대해서 묻자, 공자가 말했다.
"사람을 알아보는 것이다."
그러나 번지가 뜻을 깨닫지 못하자 공자가 다시 말했다.
"강직한 사람을 등용하여 사악한 사람 위에 쓰면 사악한 사
람도 강직한 사람으로 변할 수 있다."
번지가 스승 앞에서 물러나와 자하를 보고 말했다.
"아까 내가 선생님을 뵈옵고 지(知)에 대해서 묻자 선생님께
서 '강직한 사람을 등용하여 사악한 사람 위에 쓰면 사악한
사람도 강직한 사람으로 변할 수 있다'고 대답하셨는데 무슨
뜻입니까?"
하고 묻자 자하가 말했다.

"그 말씀은 참으로 많은 뜻을 지니고 있습니다. 순임금이 천하를 차지하고 여러 사람들 중에서 선발하여 고요를 등용하니 어질지 못한 사람들이 멀어졌으며, 탕임금이 천하를 차지하고 여러 사람들 중에서 선발하여 이윤을 등용하니 어질지 못한 사람들이 멀어졌던 것입니다."

樊遲 問仁한대 子曰, 愛人이니라. 問知한대 子曰, 知人이니라. 樊遲 未達이어늘 子曰, 擧直錯諸枉이면 能使枉者直이니라. 樊遲退하야 見子夏曰, 鄕也에 吾見於夫子而問知하니 子曰, 擧直錯諸枉이면 能使枉者直이라 하니 何謂也오? 子夏曰, 富哉라 言乎여. 舜有天下에 選於衆하사 擧皋陶하시니 不仁者遠矣오. 湯有天下에 選於衆하사 擧伊尹하시니 不仁者遠矣니라.

23. 벗을 충고하고 잘 인도한다

자공이 붕우의 도에 대해서 묻자 공자가 말했다.
"충고하고 잘 인도하되 듣지 않으면 그만두어야 한다. 과도하게 충고를 해서 도리어 욕을 당하는 일이 없게 해야 한다."

子貢이 問友한대 子曰, 忠告而善道之호대 不可則止하야 毋自辱焉이니라.

24. 벗은 서로의 인덕을 돕고 높인다

증자가 말했다.

"군자는 글로써 벗과 사귀고 벗함으로써 서로의 인덕을 돕고 높인다."

曾子曰, 君子以文會友하고 以友輔仁이니라.

제13편 자로편(子路篇)

1. 앞장서서 일하고 다음에 부려야 한다

자로가 정치에 대해서 묻자 공자가 말했다.

"백성의 앞에 서서 일하고 다음의 백성을 부려야 한다."

"좀 더 자세히 말씀해 주십시오."

하고 청하자 공자가 말했다.

"언제나 게으름을 피우지 말고 한결같이 해야 한다."

子路 問政한대 子曰, 先之勞之니라. 請益한대 曰, 無倦이
니라.

2. 현명한 사람을 등용해 써라

중궁이 계씨의 가재(家宰)가 되어 공자에게 정치에 대해서

묻자 공자가 말했다.

"먼저 담당자에게 일을 처리케 하고 작은 잘못은 관대히 용서해 주고 현명한 사람을 등용해 써라."

중궁이

"어떻게 현명한 사람인지를 알고 그를 등용합니까?"

하고 묻자 공자가 말했다.

"네가 잘 아는 현명한 사람을 먼저 등용해라. 그리하면 네가 모르는 현명한 사람을 남들이 내버려두지 않고 추천할 것이다."

仲弓이 爲季氏宰라 問政한대 子曰, 先有司오 赦小過하며 擧賢才니라. 曰, 焉知賢才而擧之리이꼬? 曰, 擧爾所知면 爾所不知를 人其舍諸아.

3. 반드시 명분과 말을 바로잡겠다

자로가 공자에게

"위나라의 임금이 선생님을 모셔다가 정치를 부탁하면 무엇을 먼저 하시겠습니까?"

하고 묻자 공자가 말했다.

"반드시 명분을 바로잡겠다."

자로가

"그렇습니까? 그러나 선생님의 생각은 너무 우원(迂遠)하십니다. 왜 명분을 먼저 바로잡으시려고 하십니까?"

하고 되묻자, 공자가 말했다.

"너는 참으로 무식하고 무례하구나, 유야! 군자는 자기가 모
르는 일에는 입을 다물고 있어야 한다. 명분이 바로서지 않
으면 말이 순조롭게 전달되지 못하고, 말이 순조롭게 전달되
지 않으면 모든 일이 성취되지 못하고, 모든 일이 성취되지
않으면 예악이 흥성하지 못하고, 예악이 흥성하지 않으면 형
벌이 적중하지 못하고, 형벌이 적중하지 않으면 백성들은 손
발 둘 곳을 잃게 된다. 그러므로 군자가 사물에 적합한 이름
을 지을 때에는 반드시 말할 수 있게 하며, 말한 것을 반드
시 행할 수 있게 해야 한다. 그러므로 군자는 말에 있어 조
금이라도 소홀한 바가 있어서는 아니된다."

子路曰, 衛君이 待子而爲政하시나니 子將奚先이시리이꼬?
子曰, 必也正名乎인저. 子路曰, 有是哉라 子之迂也여 奚其
正이시리이꼬? 子曰, 野哉라 由也여. 君子於其所不知에 蓋
闕如也니라. 名不正 則言不順하고 言不順 則事不成하고 事
不成 則禮樂不興하고 禮樂不興 則刑罰不中하고 刑罰不中
則民無所錯手足이니라. 故로 君子 名之인댄 必可言也며 言
之인댄 必可行也니 君子於其言에 無所苟而已矣니라.

4. 어찌 군자가 농사를 배우려고 하느냐

번지가 공자에게 농사짓는 법을 가르쳐 달라고 청하자 공자
가 말했다.

"나는 늙은 농부만 못하다."

번지가 다시 채소 키우는 법을 가르쳐 달라고 청하자 공자가 말했다.

"나는 늙은 채소장이만 못하다."

번지가 나가자, 공자가 말했다.

"번수(번지)는 참으로 소인이구나. 윗사람이 예를 좋아하면 백성들도 경건하지 않을 리 없고, 윗사람이 도의를 잘 지키면 백성들도 복종하지 않을 리 없으며, 윗사람이 신의를 지키면 백성들도 성실하지 않을 리 없다. 이렇게 되면, 사방에 있는 이웃나라 백성이 제 자식을 포대기에 싸 업고 찾아올 것이다. 이렇듯 덕으로써 다스리면 되는 것인데 어찌 군자가 농사를 배우고자 하는가."

樊遲 請學稼한대 子曰, 吾不如老農호라. 請學爲圃한대 曰, 吾不如老圃호라. 樊遲出커늘 子曰, 小人哉라 樊須也여. 上好禮 則民莫敢不敬하고 上好義 則民莫敢不服하고 上好信 則民莫敢不用情이니 夫如是 則四方之民이 襁負其子而至矣리니 焉用稼리오.

5. 시를 배우고 외우는 목적

공자가 말했다.

"《시경》의 시 3백 편을 암송해도 맡은 바 정사를 제대로 처리하지 못하고 또 사방에 사신으로 나가서 혼자 응대하지 못한다면 비록 많은 시를 외웠다 한들 무슨 소용이 있겠느냐?"

子曰, 誦詩三百호대 授之以政에 不達하며 使於四方에 不能專對하면 雖多나 亦奚以爲리오.

6. 위정자가 바르면 만사가 이루어진다

공자가 말했다.
"위정자 자신이 올바르면 명령을 내리지 않아도 만사가 이루어지고 위정자 자신이 올바르지 못하면 비록 호령해도 백성들이 따르지 아니한다."

子曰, 其身正이면 不令而行하고 其身不正이면 雖令不從이니라.

7. 노나라와 위나라의 정치는 형제 같다

공자가 말했다.
"노나라와 위나라의 정치는 형제와 같다."

子曰, 魯衛之政이 兄弟也로다.

8. 공자 형(荊)에 대한 평

공자가 위나라의 공자(公子) 형(荊)을 다음같이 높이 평했다.

"그는 집안의 살림을 잘했다. 처음 재물이 생기자 '이만하면 소용에 맞겠다'고 말했으며, 그후 좀더 재물이 늘어나자 '그런대로 갖추어졌다'고 말했으며, 그후 재물이 많아지자 '이제야 아름답게 되었다'고 말했느니라."

　　子謂衛公子荊하대, 善居室이로다 始有에 曰, 苟合矣라 하고 少有에 曰, 苟完矣라 하고 富有에 曰, 苟美矣라 하니라.

9. 백성들을 교화해야 한다

공자가 위나라에 갔을 때 염유가 수레를 몰았다. 그러자 공자가 말했다.
"백성들이 많구나."
염유가
"이렇게 백성들이 많으니 다음에 무엇을 더 보태야 합니까?"
하고 묻자, 공자가 말했다.
"백성들을 부유하게 해주어야 한다."
염유가
"백성들이 부유하게 된 다음에는 무엇을 더 해주어야 합니까?"
하고 묻자 공자가 말했다.
"백성들을 교화해야 한다."

　　子 適衛하실새 冉有 僕이러니 子曰, 庶矣哉라. 冉有曰,

旣庶矣어든 又何加焉이리이꼬? 曰, 富之니라. 曰, 旣富矣어든 又何加焉이리이꼬? 曰, 敎之니라.

10. 1년이면 나라를 바로잡는다

공자가 말했다.
"혹 나를 써 준다면 1년이면 나라를 바로잡고 3년이면 성과를 올리겠다."

子曰, 苟有用我者면 期月而已라도 可也니 三年이면 有成이니라.

11. 착한 사람이 나라를 백 년 다스리면

공자가 말했다.
"착한 사람이 나라 다스리기를 백 년 하면 잔인 포악한 자를 눌러 이기고 사형을 없이 할 수 있다고 했거늘 참으로 옳은 말이다."

子曰, 善人爲邦百年이면 亦可以勝殘去殺矣라 하니 誠哉라 是言也여.

12. 천명을 받은 왕자가 나타난다면

공자가 말했다.

"천명을 받은 왕자가 나타난다면, 반드시 30년 후에는 인덕 (仁德)이 넘치리라."

子曰, 如有王者라면 必世而後仁이니라.

13. 몸가짐을 바르게 해야 다스릴 수 있다

공자가 말했다.

"자기 몸가짐을 바르게 한다면 다스리는 데 무슨 어려움이 있겠느냐? 자기 몸가짐을 바르게 하지 않으면 어찌 남을 바르게 다스릴 수 있겠느냐?"

子曰, 苟正其身矣면 於從政乎何有며 不能正其身이면 如 正人何오?

14. 나라의 일은 나도 들었을 것이다

염유가 조정에서 물러나오자 공자가

"왜 늦었느냐?"

하고 물었다. 이에 염유가

"정치적인 일이 있었습니다."

하고 대답하자 공자가 말했다.

"그것은 계씨의 개인적인 일이다. 만약 나라의 정치적인 일 이라면 비록 내가 등용되지 않았어도 함께 참석하여 듣기는 했을 것이다."

冉子 退朝어늘 子曰, 何晏也오? 對曰, 有政이러이다. 子曰, 其事也로다. 如有政인댄 雖不吾以나 吾其與聞之니라.

15-1. 나라를 흥하게 할 한마디

노나라 정공이 물었다.
"한마디로 나라를 흥하게 할 수 있는 그런 말이 있겠소?"
이에 공자가 대답했다.
"말은 원래 그렇게 할 수 있는 것이 아닙니다. 그러나 그와 비슷한 뜻으로 사람들이 전하는 바 '임금 되기 어렵고 신하 되기 쉽지 않다'는 말이 있습니다. 만약에 임금 되기 어려움을 참으로 안다면 그 말이 곧 한마디로 나라를 흥하게 할 수 있는 말에 가까운 것이 아니겠습니까?"

定公이 問, 一言而可以興邦이라 하니 有諸이꼬? 孔子對曰, 言不可以若是 其幾也어니와 人之言曰, 爲君難하며 爲臣不易라 하니 如知爲君之難也인댄 不幾乎一言而興邦乎이꼬?

15-2. 나라를 잃게 할 한마디

정공이 또 물었다.
"한마디로 나라를 잃게 할 수 있는 그런 말이 있겠소?"
이에 공자가 대답했다.

"말은 원래 그렇게 할 수 있는 것이 아닙니다. 그러나 그와 비슷한 뜻으로 사람들이 전해온 바 '나는 임금 된 것을 기뻐하지 않거니와 내 말을 백성들이 어기지 않는 것을 기쁘게 여긴다'라는 말이 있습니다. 만약 임금의 말이 착하고 그 말을 어기지 않는다면 좋지 않겠습니까? 그러나 임금의 말이 착하지 못한데 백성들이 어기지 못한다면 그것이 곧 한마디로 나라를 잃게 할 수 있는 말에 가까운 것이 아니겠습니까?"

曰, 一言而喪邦이라 하나니 有諸이꼬? 孔子對曰, 言不可以若是 其幾也어니와 人之言曰, 予無樂乎爲君이오 唯其言而莫予違也라 하나니 如其善而莫之違也인댄 不亦善乎이꼬? 如不善而莫之違也인댄 不幾乎一言而喪邦乎이꼬?

16. 먼 사람들이 따라오게 한다

섭공이 정치에 대해서 묻자 공자가 말했다.
"가까운 사람들이 기쁘게 따르고 먼 사람들이 덕을 따라오게 해야 합니다."

葉公이 問政한대 子曰, 近者説하며 遠者來니라.

※ ○葉公(섭공)-초(楚)나라의 대부(大夫).

17. 서두르지 말고 작은 이익을 탐하지 마라

자하가 거보의 읍재가 된 다음에 정사에 대해서 묻자 공자가 말했다.

"급하게 서두르지 말고 또 작은 이익을 얻으려고 하지 마라. 급하게 서두르면 통달할 수 없고, 작은 이득을 얻으려고 하면 큰 일을 이루지 못한다."

> 子夏 爲莒父宰라 問政한대 子曰, 無欲速하며 無見小利니 欲速則不達하고 見小利則大事不成이니라.

18. 아버지와 자식은 서로 감싸주어야 한다

섭공이 공자에게 말했다.

"우리 마을에 궁(弓)이라는 강직한 사람이 있는데 자기 아버지가 양을 훔친 것을 증언했소."

이에 공자가 말했다.

"우리들이 말하는 강직이란 그런 것이 아닙니다. 아버지는 자식을 위해 숨기고 자식은 아버지를 위해 숨깁니다. 강직은 그런 속에 있어야 합니다."

> 葉公이 語孔子曰, 吾黨에 有直躬者하니 其父攘羊이어늘 而子證之하나이다. 孔子曰, 吾黨之直者는 異於是하니 父爲 子隱하며 子爲父隱하니니 直在其中矣니라.

19. 공(恭)·경(敬)·충(忠)

번지가 인에 대해서 묻자 공자가 말했다.
"거처할 때에는 공손한 태도를 취하고 일을 처리할 때에는 신중하게 하고 남에게는 충성을 다하는 것이다. (이런 인덕은) 비록 오랑캐 땅에 가서도 버리면 안된다."

　　樊遲 問仁한대 子曰, 居處恭하며 執事敬하며 與人忠을 雖之夷狄이라도 不可棄也니라.

20-1. 선비의 조건

자공이 물었다.
"어떻게 하면 선비라고 할 수 있습니까?"
공자가 말했다.
"몸가짐과 언행에 부끄러움이 있어야 한다. 또 사방에 외교 사절로 가 임금으로부터 받은 사명을 욕되게 하지 말아야 한다. 그래야 비로소 선비라고 할 수 있다."

　　子貢이 問曰, 何如라야 斯可謂之士矣이꼬? 子曰, 行己有恥하며 使於四方하야 不辱君命이면 可謂士矣니라.

20-2. 효제(孝弟)라고 칭찬받는 선비

자공이 또,

"감히 묻겠습니다. 그 다음 가는 사람은 어떠합니까?"

하자 공자가 말했다.

"일가 친척들로부터 효자라는 칭찬을 받고, 마을 사람들로부터 우애롭다고 칭찬을 받는다."

曰, 敢問其次하노이다. 曰, 宗族이 稱孝焉하며 鄕黨이 稱弟焉이니라.

20-3. 강직한 선비

자공이 또,

"감히 묻겠습니다. 그 다음 가는 사람은 어떠합니까?"

하자 공자가 말했다.

"말하면 반드시 실행하고 실행하면 반드시 성과를 거두는 사람이다. (비록) 딱딱하고 강직하여 소인 같지만 그래도 역시 그 다음은 갈 수 있다."

曰, 敢問其次하노이다. 曰, 言必信하며 行必果하면 硜硜然小人哉나 抑亦可以爲次矣니라.

20-4. 말들이밖에 안되는 선비

자공이
"오늘날 정치에 참여하고 있는 사람은 어떻습니까?"
하고 묻자, 공자가 말했다.
"아! 말들이밖에 안되는 조그만 기량을 가진 사람이야 논할
바 못된다."

曰, 今之從政者는 何如니이꼬? 子曰, 噫라 斗筲之人을 何
足算也리오.

21. 뜻이 높은 사람, 혹은 고집스러운 사람

공자가 말했다.
"중용의 도를 행하는 사람과 함께 하지 못할 바에는 차라리
뜻이 높은 사람이나 혹은 고집스러운 사람을 택하겠다. 뜻이
높은 사람은 진취적이고 고집스러운 사람은 나쁜 일은 하지
않기 때문이다."

子曰, 不得中行而與之엔 必也狂狷乎인저. 狂者는 進取오
狷者는 有所不爲也니라.

22. 그런 것은 점을 치지 않는다

공자가 말했다.

"남쪽 사람이 '사람에게 항심(恒心)이 없다면 무당이나 의원도 어찌할 수 없다'고 말했는데 참 좋은 말이다. 《주역》에 '덕행이 일정하지 않으면 수치를 초래한다'는 점괘가 있다."

그리고 공자가 말했다.

"그런 것은 점을 치지 않는다."

子曰, 南人이 有言曰, 人而無恒이면 不可以作巫醫라 하니 善夫라. 不恒其德이면 或承之羞라 하니 子曰, 不占而已矣니라.

23. 군자는 화동한다

공자가 말했다.

"군자는 화동(和同)하고 뇌동(雷同)하지 않는다. 소인은 뇌동하고 화동하지 않는다."

子曰, 君子는 和而不同하고 小人은 同而不和니라.

24. 선인이 좋아하고 악인이 미워하는 사람

자공이 물었다.

"마을 사람이 모두 좋아하면 어떻습니까?"
공자가
"그것만으로는 좋지 못하다."
라고 말하자 자공이 또 물었다.
"마을 사람이 모두 미워하면 어떻습니까?"
이에 공자가 말했다.
"그래도 좋지 못하다. 마을의 착한 사람들이 좋아하고 마을
의 나쁜 사람들이 미워하는 그런 사람이라야 한다."

子貢이 問曰, 鄕人皆好之면 何如니이꼬? 子曰, 未可也니
라. 鄕人이 皆惡之면 何如니이꼬? 子曰, 未可也니라. 不如鄕
人之善者 好之오 其不善者 惡之니라.

25. 섬기기는 쉬우나 기쁘게 하기는 어렵다

공자가 말했다.
"군자는 섬기기는 쉬우나 기쁘게 하기는 어렵다. 바른 도리
가 아닌 방법으로 그를 기쁘게 해도 군자는 기뻐하지 않는
다. 군자가 사람을 부릴 때에는 재능과 기량에 적합하게 부
린다. 이와 반대로 소인은 섬기기는 어렵고 기쁘게 해주기는
쉽다. 비록 도리가 아닌 방법으로 그를 기쁘게 해주어도 그
는 기뻐한다. 또 소인은 사람을 부릴 때에는 한 사람에게
모든 기능이 구비되기를 요구한다."

子曰, 君子는 易事而難説也니 説之不以道면 不説也요
及其使人也 器之니라. 小人은 難事而易説也니 説之雖不以
道라도 説也요 及其使人也 求備焉이니라.

26. 군자는 태연하면서도 교만하지 않다

공자가 말했다.
"군자는 태연하면서도 교만하지 않고 소인은 교만할 뿐 태연
하지 못하다."

子曰, 君子는 泰而不驕하고 小人은 驕而不泰니라.

27. 말이 무딘 사람이 인에 가깝다

공자가 말했다.
"강직하고 과감하고 질박하고 말이 무딘 사람이 인에 가
깝다."

子曰, 剛毅木訥近仁이니라.

28. 어떻게 하면 가히 선비가 될 수 있나?

자로가
"어떻게 하면 가히 선비라 하겠습니까?"
하고 묻자 공자가 말했다.

"간곡히 서로 선을 권하고 잘못을 고치도록 애를 쓰고 또 함께 화목하고 즐기면 선비라고 말할 수 있다. 즉 친구에게는 서로 간곡히 선을 권하고 잘못을 고치도록 애를 쓰고 형제간에는 부드럽게 화목하고 즐겨야 한다."

子路 問曰, 何如라야 斯可謂之士矣니이꼬? 子曰, 切切偲偲하며 怡怡如也면 可謂士矣니 朋友엔 切切偲偲오 兄弟엔 怡怡니라.

29. 가르친 다음에 싸우게 해야 한다

공자가 말했다.
"선인이 백성을 7년간 가르치면 백성들을 전쟁에 나가 싸우게 할 수 있다."

子曰, 善人이 敎民七年이며 亦可以卽戎矣니라.

30. 안 가르치고 싸우게 하는 것은 버리는 것이다

공자가 말했다.
"백성들을 바르게 가르치지 않고 전쟁에서 싸우게 한다면 이는 곧 백성들을 버리는 것이 된다."

子曰, 以不敎民戰이면 是謂棄之니라.

제14편 헌문편(憲問篇)

1. 도 없는 나라의 녹을 받는 것은 부끄럽다

원헌이 부끄러움에 대해서 묻자 공자가 말했다.
"나라의 도가 있으면 녹을 받아먹는다. 그러나 나라에 도가 없는데 녹을 받아먹는 것은 부끄러운 일이다."

　　憲이 問恥한대 子曰, 邦有道에 穀하며 邦無道에 穀이 恥也니라.

2. 행하기 어려운 네 가지, 극벌원욕(克伐怨欲)

"남에게 이기기 좋아한다, 자기의 공적을 자랑한다, 남을 원망한다, 끝없이 탐욕을 낸다. (이 네 가지를) 억제하고 하지 않는다면 인이라 할 수 있습니까?”
공자가 말했다.
“그렇게 할 수 있기는 퍽 어렵다. 그러나 인인지 어떤지는
잘 모르겠다.”

克伐怨欲을 不行焉이면 可以爲仁矣이꼬? 子曰, 可以爲
難矣어니와 仁則吾不知也케라.

3. 편하기를 바라면 참다운 선비가 아니다

공자가 말했다.
“선비가 편하게 있기를 바라면, 참다운 선비가 될 수 없다.”

子曰, 士而懷居면 不足以爲士矣니라.

4. 도가 없는 나라에서는 말을 조심하라

공자가 말했다.
“나라에 도가 있을 때는 말과 행동을 돋보이게 하지만, 나라
에 도가 없으면 행동은 돋보이게 하되 말은 겸손하게 해야
한다.”

子曰, 邦有道엔 危言危行하고 邦無道엔 危行言孫이니라.

5. 인자는 반드시 용감하게 행한다

공자가 말했다.

"덕 있는 사람은 반드시 도에 맞는 말을 한다. 그러나 말 잘하는 사람이 다 덕이 있는 것은 아니다. 인자는 반드시 용감하게 행한다. 그러나 용감한 사람이 다 인자는 아니다."

子曰, 有德者는 必有言이어니와 有言者는 不必有德이니라. 仁者는 必有勇이어니와 勇者는 不必有仁이니라.

6. 참으로 덕을 존중하는 사람

노나라의 대부 남궁괄이 공자에게 반문하듯이 물었다.

"예(羿)는 활을 잘 쏘았고 오(奡)는 배를 흔들 만큼 힘이 강했으나 그들은 모두 제 명에 죽지 못했지요. 그러나 우(禹)와 직(稷)은 스스로 농사를 짓고 일을 했으나 후에는 천하를 얻었습니다."

이에 공자는 대답을 하지 않다가 남궁괄이 나간 다음에 말했다.

"저런 사람이 참으로 군자로다. 저런 사람이야말로 참으로 덕을 존중하는 사람이다."

南宮适이 問於孔子曰, 羿는 善射하고 奡는 盪舟호대 俱

不得其死어늘 然禹稷은 躬稼而有天下하시나이다. 夫子不答
이러시니 南宮适이 出어늘 子曰, 君子哉라 若人이여 尙德哉
라 若人이여.

※ ○南宮适(남궁괄)―노(魯)나라의 대부(大夫).

7. 소인은 어질지 않다

공자가 말했다.
"군자로서 어질지 못한 사람은 있을 수 있다. 그러나 소인이
면서 어질게 하는 사람은 절대로 없다."

子曰, 君子而不仁者는 有矣夫어니와 未有小人而仁者也
니라.

8. 사랑과 충성

공자가 말했다.
"그를 사랑한다면서 힘드는 일을 시키지 않을 수 있겠느
냐? 그에게 충성한다면서 바르게 깨우쳐 주지 않을 수 있
겠느냐?"

子曰, 愛之란 能勿勞乎아 忠焉이란 能勿誨乎아.

9. 사령(辭令)을 신중하게 작성하다

공자가 말했다.

"정나라에서는 사령을 작성할 때 비심이 초안을 잡고 세숙이 내용을 검토하고 외교관 자우가 문장을 수정하고 동리에 사는 자산이 윤색했다."

> 子曰, 爲命에 裨諶이 草創之하고 世叔이 討論之하고 行人子羽 脩飾之하고 東里子産이 潤色之하니라.

※ ○裨諶(비심)─세숙(世叔)·자우(子羽)과 함께 모두 정(鄭)나라의 대부(大夫)들임.

10. 관중은 정치적 수완이 있는 사람

어떤 사람이 자산에 대해서 묻자 공자가 말했다.

"그는 은혜로운 사람이다."

자서에 대해서 묻자 공자가 말했다.

"그저그렇다."

관중에 대해서 묻자 공자가 말했다.

"정치적 수완이 있는 사람이다. 그가 백씨의 병읍 3백 호를 몰수했으나 백씨는 가난에 빠져 거친 음식을 먹다가 죽었으면서도 원망하는 말을 못했다."

或이 問子産한대 子曰, 惠人也니라. 問子西한대 曰, 彼哉
彼哉여. 問管仲한대 曰, 人也 奪伯氏騈邑三百하야늘 飯疏
食 沒齒하되 無怨言하니라.

11. 가난하면서 원망하지 않기는 어렵다

공자가 말했다.

"가난하면서 원망하지 않기는 어렵다. 그러나 부자로 살면서
교만하지 않기는 쉽다."

子曰, 貧而無怨難하고 富而無驕易하니라.

12. 맹공작에 대한 평

공자가 말했다.

"맹공작은 조나라나 위나라 같은 세도가의 가신이 되면 훌륭
하고도 남음이 있을 것이다. 그러나 등나라나 설나라 같은
작은 나라의 대부는 될 수 없을 것이다."

子曰, 孟公綽이 爲趙魏老則優어니와 不可以爲滕薛大夫
니라.

13-1. 옛날의 인격 완성의 조건

자로가 인격 완성에 대해서 묻자 공자가 말했다.

"장무중 같은 지혜와, 맹공작 같은 청렴과, 변장자 같은 용감성과, 염구 같은 재주를 갖추고, 예악으로써 문화적 세련을 가하면 인격 완성이라고 할 수 있다."

子路 問成人한대 子曰, 若臧武仲之知와 公綽之不欲과 卞莊子之勇과 冉求之藝에 文之以禮樂이면 亦可以爲成人矣니라.

※ ○臧武仲(장무중)─노(魯)나라의 대부(大夫). 박학다식했다.

13-2. 오늘날의 인격 완성

공자가 다시 말했다.

"그러나 오늘의 인격 완성은 반드시 그렇게 하지 않아도 된다. 이득을 보면 의를 생각하고, 위급할 때에는 생명을 바치고, 오래된 약속이라도 평생 잊지 않으면, 인격 완성이라 할 수 있다."

曰, 今之成人者는 何必然이리오. 見利思義하며 見危授命하며 久要에 不忘平生之言이면 亦可以爲成人矣니라.

14. 공숙문자에 대해서 묻다

공자가 공명가에게 공숙문자에 대해서 물었다.

"정말이냐? 공숙문자는 말이 없고 웃지 않고 재물을 취하지 않느냐?"

이에 공명가가 대답했다.

"말을 전한 사람이 지나쳤습니다. 공숙문자는 반드시 말할 때에 말하므로 남들이 그의 말을 싫어하지 않고, 또 참으로 즐거울 때에 웃으므로 남들이 그의 웃음을 싫어하지 않으며, 또 언제나 의롭다는 것을 안 후에 재물을 취하므로 남들이 그가 가져도 싫어하지 않습니다."

그러자 공자가 말했다.

"그러냐? 참으로 그러하냐?"

子問, 公叔文子 於公明賈曰, 信乎 夫子不言 不笑 不取乎아? 公明賈對曰, 以告者過也로소이다. 夫子時然後言이라 人不厭其言하며 樂然後笑라 人不厭其笑하며 義然後取라 人不厭其取하니이다. 子曰, 其然가? 豈其然乎리오?

※ ○公叔文子(공숙문자) ─ 위(衛)나라의 대부(大夫).

15. 장무중에 대한 불신

공자가 말했다.

"장무중이 방읍을 거점으로 하고 자기 후계자를 세우겠다고 노나라에 요구했다. 비록 임금에게 강요하지 않았다고 말하나 나는 믿지 않는다."

子曰, 臧武仲이 以防으로 求爲後於魯하니 雖曰不要君이

나 吾不信也하노라.

16. 진문공과 제환공에 대한 평

공자가 말했다.

"진나라 문공은 사계(邪計)를 쓰고 바르지 못했으며 제나라
환공은 바르고 사계를 쓰지 않았다."

　　子曰, 晉文公은 譎而不正하고 齊桓公은 正而不譎하니라.

17. 관중도 역시 어질다고 말하겠다

자로가 물었다.

"환공이 공자 규를 죽이자 소홀은 규를 따라 죽었으나 관중
은 죽지 않았으니 어질지 못하다 하겠습니까?"

이에 공자가 말했다.

"환공이 제후들을 규합하는 데 병거 같은 무력을 사용하지
않은 것은 관중의 힘이었다. 그러니 역시 어질다고 하겠다,
역시 어질다고 하겠다."

　　子路曰, 桓公이 殺公子糾하야늘 召忽은 死之하고 管仲은
不死하니 曰未仁乎인저? 子曰, 桓公이 九合諸侯호대 不以
兵車는 管仲之力也니 如其仁 如其仁이리오.

18. 관중의 정치 역량을 높이 평가하다

자공이 말했다.

"관중은 비인도적인 사람이 아니겠습니까? 환공이 공자 규를 죽였는데 따라 죽지 않을 뿐더러 도리어 환공을 도왔으니까요."

이에 공자가 말했다.

"관중은 환공의 재상으로 그를 도와 패자로 만들고 또 천하를 크게 바로잡았다. 그리하여 오늘에 이르기까지 그의 혜택을 입고 있는 것이다. 만약 관중이 아니었다면 우리들도 머리를 풀고 오랑캐 옷을 입었을 것이 아니겠느냐? 그 어찌 관중의 태도가 보잘것없는 남녀들이 작은 절개를 지킨다고 스스로 목매어 개천 속에서 아무도 모르게 개죽음을 하는 것과 같겠느냐?"

子貢이 曰, 管仲은 非仁者與인저 桓公이 殺公子糾어늘 不能死오 又相之오녀. 子曰, 管仲이 相桓公 霸諸侯하야 一匡天下하니 民到于今에 受其賜하니라. 微管仲이면 吾其被髮左衽矣러니라. 豈若匹夫匹婦之爲諒也라 自經於溝瀆而莫之知也리오?

19. 공숙문자의 가신에 대한 평

공숙문자의 가신인 대부 선이 공숙문자의 추천으로 같이 조정의 신하가 되었다. 공자가 듣고 말했다.

"가히 시호를 문(文)이라고 할 만하다."

    公叔文子之臣 大夫僎이 與文子로 同升諸公이러니 子聞
之하시고 曰, 可以爲文矣로라.

20. 영공을 보좌하는 좋은 신하

공자가 위나라 영공의 무도함을 말하자 계강자가

"그러한데도 어찌하여 자리를 잃지 않습니까?"

하고 물었다. 이에 공자가 말했다.

"중숙어가 빈객을 접대하고 축타가 종묘를 잘 모시고 왕손가
가 군대를 잘 다스리니 어찌 그가 자리를 잃겠느냐?"

    子言, 衛靈公之無道也러시니 康子曰, 夫如是로대 奚而不
喪이니이꼬? 孔子曰, 仲叔圉는 治賓客하고 祝鮀는 治宗廟하
고 王孫賈는 治軍旅하니 夫如是니 奚其喪이리오?

※ ○仲叔圉(중숙어) ─ 위(衛)나라의 대부(大夫). ○祝鮀(축타) ─ 위나
라의 가신(家臣). ○王孫賈(왕손가) ─ 위나라의 가신.

21. 함부로 한 말을 부끄럽게 여겨야 한다

공자가 말했다.

"함부로 말을 하고도 부끄럽게 여기지 않는다면, (그 말을)

행하기 어려울 것이다."

子曰, 其言之 不怍이면 則爲之也 難하니라.

22. 대부의 말석에 있던 몸이라 고한다

진성자가 간공을 시해하자 공자는 목욕하고 입조하여 애공에게 아뢰었다.

"진성자가 자기의 군주를 시해했으니 그를 토벌하십시오."

그러나 애공은,

"저들 삼가(三家)에게 말하시오."

하고 미루었다. 이에 공자가 조정에서 물러나 말했다.

"나도 대부의 말석에 있던 몸이라 고하지 않을 수가 없었다. 그런데 임금은 그들 삼가에게 말하라고 하시더라."

그후 공자가 삼가에게 가서 말했으나, 그들은

"안된다."

고 말했다. 이에 공자는 또 말했다.

"나도 대부의 말석에 있던 몸이라 고하지 않을 수가 없어 고한 것이다."

陳成子 弑簡公이어늘 孔子 沐浴而朝하야 告於哀公曰, 陳恒이 弑其君하니 請討之하소서. 公曰, 告夫三子하라. 孔子曰, 以吾從大夫之後라 不敢不告也호니 君曰告夫三子者오녀. 之三子하여 告하신대 不可라 하여늘 孔子曰, 以吾從大夫之後라 不敢不告也니라.

※ ○陳成子(진성자)－제(齊)나라의 대부 진항(陳恒).

23. 면전에서도 간언해라

자로가 임금 섬김에 대해서 묻자 공자가 말했다.
"속이지 말고 면전에서도 간언을 올려라."

　子路 問事君한대 子曰, 勿欺也요 而犯之니라.

24. 군자는 위로 나간다

공자가 말했다.
"군자는 위로 나가지만 소인은 아래로 처진다."

　子曰, 君子는 上達하고 小人은 下達이니라.

25. 자기 수양을 위한 공부

공자가 말했다.
"옛날 공부하던 사람은 자기 수양을 위해서 했으나 오늘의
공부하는 사람은 남에게 보이고 팔리기 위해서 한다."

　子曰, 古之學者爲己러니 今之學者爲人이로다.

26. 훌륭한 사신

거백옥이 공자에게 사신을 보냈다. 공자가 사신과 자리를 같
이하고 물었다.

"대부 어른은 무엇을 하십니까?"

사신이 대답했다.

"우리 어른께서는 자기의 과실을 적게 하려고 애를 쓰시나
잘 되지 않는 것 같습니다."

사신이 나간 후에 공자가 말했다.

"참 훌륭한 사신이로다, 훌륭한 사신이로다."

蘧伯玉이 使人於孔子어늘 孔子與之坐 而問焉 曰, 夫子
는 何爲오? 對曰, 夫子欲寡其過 而未能也니이다. 使者出커
늘 子曰, 使乎使乎여.

※ ㅇ蘧伯玉(거백옥)—위(衛)나라의 대부(大夫).

27. 자리에 있지 않으면 정사를 도모하지 않는다

공자가 말했다.

"그 자리에 있지 않으면, 그 자리의 정사를 도모하지 않는다."

子曰, 不在其位하얀 不謀其政이니라.

28. 자기를 벗어나는 일을 생각하지 않는다

증자가 말했다.

"군자는 자기 지위를 벗어나는 일을 생각하지 않는다."

曾子曰, 君子는 思不出其位니라.

29. 행실이 따르지 못하는 말

공자가 말했다.

"군자는 자기의 말이 자기 행실보다 지나친 것을 부끄러워 한다."

子曰, 君子는 恥其言而過其行이니라.

30. 군자의 세 가지 도

공자가 말했다.

"군자의 도가 세 가지 있으나 나는 하나도 제대로 못하고 있다. 인덕 있는 자는 근심하지 않고, 지혜로운 자는 미혹되지 않고, 용감한 자는 두려워하지 않는다."

자공이 말했다.

"선생님께서 스스로를 말씀하신 것이다."

子曰, 君子道者三에 我無能焉호니 仁者는 不憂하고 知者
는 不惑하고 勇者는 不懼니라. 子貢이 曰, 夫子 自道也샷다.

31. 남을 비평할 틈이 없다

자공이 자주 남들을 비교하고 논평하자 공자가 말했다.
"사는 현명하여 저렇게 남들을 비평하지만 나는 저렇게 할
틈이 없다."

子貢이 方人하더니 子曰, 賜也는 賢乎哉아 夫我則不暇
로다.

32. 능력 없음을 걱정하라

공자가 말했다.
"나를 남이 알아주지 않는 것을 걱정하지 말고, 나에게 능력
이 없는 것을 걱정해라."

子曰, 不患人之不己知요 患其不能也니라.

33. 먼저 깨닫고 알아라

공자가 말했다.
"남이 나를 속일까 지레 의심하지 말고 또 남이 나를 불신할
까 억측하지 마라. 또한 남보다 먼저 깨닫고 알아야 현명하

다고 하겠다."

子曰, 不逆詐하며 不億不信이나 抑亦先覺者 是賢乎인저.

34. 세상을 고치고자 한다

미생묘가 공자를 평하여 말했다.
"구(丘)는 왜 저렇게 이 세상에 미련을 두고 서성대고 있는
가? 말재주를 피우고자 함이 아닌가?"
(이 말을 전해 들은) 공자가 말했다.
"감히 말재주를 피우고자 함이 아니다. 세상의 고루함을
가슴아프게 여기고 이를 고치고자 함이다."

微生畝 謂孔子曰, 丘는 何爲是栖栖者與오 無乃爲佞乎
아. 孔子曰, 非敢爲佞也라 疾固也니라.

※ ○微生畝(미생묘)−미생이 성(姓)이고 묘가 이름이며 은자(隱者).

35. 힘보다 조련이 더 중요하다

공자가 말했다.
"기주의 좋은 말은 그 힘으로 일컫는 것이 아니고 그 조련이
잘되었으므로 일컫는 것이다."

子曰, 驥는 不稱其力이라 稱其德也니라.

36. 덕에는 덕으로 갚아야 한다

어떤 사람이,

"원한을 덕으로 갚으면 어떻겠습니까?"

하고 묻자, 공자가 말했다.

"그렇다면 덕에는 무엇으로 갚으려느냐? 원한에는 직량(直諒)으로 갚고, 덕에는 덕으로 갚아야 한다."

或曰, 以德報怨이 何如니이꼬? 子曰, 何以報德고 以直報怨이오 以德報德이니라.

37. 하늘만이 나를 알아준다

공자가

"나를 알아주지 않는구나!"

하고 말하자 자공이

"어찌 선생님을 알아주지 않는다 하십니까?"

하고 물었다. 이에 공자가 말했다.

"하늘도 원망치 않고, 사람도 탓하지 않겠다. 아래에서 배워위에 통달하니 나를 알아주는 분은 바로 하늘이니라."

子曰, 莫我知也夫인저. 子貢曰, 何爲其莫知子也이꼬? 子曰, 不怨天하며 不尤人이요 下學而上達하노니 知我者는 其

天乎인저.

38. 도가 행해지는 것도 천명이다

공백료가 계손씨에게 자로를 참소하자, 이를 자복경백이 공
자에게 알리고 말했다.

"계손씨는 분명히 공백료의 말에 마음이 흔들리고 있습니다.
아직은 저의 힘으로도 공백료를 처형하고 그의 시체를 저자
에 내보일 만합니다."

이에 공자가 말했다.

"도가 행해지는 것도 천명이며 도가 폐하는 것도 천명이다.
공백료가 천명을 어찌하겠느냐?"

　　公伯寮이 愬子路於季孫하니 子服景伯이 以告曰, 夫子固
有惑志於公伯寮하니 吾力이 猶能肆諸市朝니이다. 子曰, 道
之將行也與도 命也며 道之將廢也與도 命也니 公伯寮其如
命何리오?
※ ○公伯寮(공백료)─공백이 성(姓)이고 요가 이름이며, 노(魯)나라
사람.

39. 현명한 사람이 일곱 있었다

공자가 말했다.

"현명한 사람은 어지러운 세상을 피하고, 그 다음 가는 사람

은 무도한 나라를 피하며, 그 다음 가는 사람은 무례한 사람을 피하고, 그 다음 가는 사람은 나쁜 말을 피한다.”

그리고 공자는 덧붙여 말했다.

“그와 같이 실천한 사람이 일곱 사람 있었다.”

　　子曰, 賢者는 辟世하고 其次는 辟地하고 其次는 辟色하고 其次는 辟言이니라. 子曰, 作者七人矣로다.

40. 안될 줄 알면서 하려는 사람

자로가 석문에서 묵었다. 문지기가

“어디에서 왔소?”

하고 물으매, 자로가

“공씨 문중에서 왔소.”

하고 대답하자, 문지기가 말했다.

“안될 줄 뻔히 알면서 굳이 하려는 사람들이구려!”

　　子路 宿於石門이러니 晨門이 曰, 奚自오? 子路曰, 自孔氏로라. 曰, 是知其不可而爲之者與아.

41. 공자의 경쇠 소리

공자가 위나라에서 경쇠를 치자, 마침 삼태기를 메고 공자가 묵고 있는 문앞을 지나가던 사람이 말했다.

“뜻이 담겨져 있구나, 치는 경쇠 소리에!”

잠시 후에 또 말했다.

"경쇠 소리가 천덕스럽고 깐깐하구나! 자기를 몰라주면 그만둘 것이로다. 깊으면 옷을 벗고, 얕으면 걷어올리라고 했거늘."

이에 공자가 말했다.

"과감하다! 그러나 (그렇게 무모하게 세상을 버리는 일은) 어렵지 않다."

子 擊磬於衛러시니 有荷蕢而過孔氏之門者 曰, 有心哉라 擊磬乎여 旣而曰, 鄙哉라 硜硜乎여 莫己知也어든 斯己而已矣니 深則厲요 淺則揭니라. 子曰, 果哉라 末之難矣니라.

42. 3년간 말을 안하다

자장이 물었다.

"《서경》에 고종이 양암이라 하여 3년간 말을 하지 않았다고 했는데 무슨 뜻입니까?"

공자가 말했다.

"어찌 고종만 그렇게 했겠느냐? 옛사람들은 모두 그랬다. 임금이 세상을 뜨면 백관들이 다 자기의 직책을 총괄해서 총재에게 재가받기를 3년간 했던 것이다."

子張이 曰, 書云高宗이 諒陰三年을 不言이라 하니 何謂也이꼬? 子曰, 何必高宗이리오. 古之人이 皆然하니 君薨케시

든 百官이 總己하야 以聽於冢宰三年하니라.

43. 윗사람이 예를 좋아하면 백성들 부리기 쉽다

공자가 말했다.
"윗사람이 예를 좋아하면 백성들 부리기가 쉽다."

子曰, 上好禮면 則民易使也니라.

44. 자기를 수양하고 백성을 안락하게 해준다

자로가 군자에 대해서 묻자 공자가 말했다.
"자기를 수양하고 모든 것을 경건히 받들어야 한다."
자로가
"그렇게만 하면 됩니까?"
하고 묻자 공자가 말했다.
"자기를 수양하고 남들을 안락하게 해주어야 한다."
자로가
"그렇게만 하면 됩니까?"
하고 묻자 공자가 말했다.
"자기를 수양하고 백성을 안락하게 해주어야 한다. 자기를 수양하고 백성을 안락하게 해주는 것은 요임금이나 순임금도 실현하기 어려워했던 것이다."

子路 問君子한대 子曰, 脩己以敬이니라. 曰, 如斯而已乎

이꼬? 曰, 脩己以安人이니라. 曰, 如斯而已乎이꼬? 曰, 脩己
以安百姓이니 脩己以安百姓은 堯舜도 其猶病諸시니라.

45. 삶에 대한 도적

(공자의 친구) 원양이 앉아서 공자를 기다렸다. 공자가 그를
책망했다.

"어려서도 겸손하지 못하고 자라서도 칭찬받을 만한 일이 없
더니 늙어서는 죽지 않고 (보람없이) 살고 있는 자가 바로
삶에 대한 도적이다."

그리고 지팡이로 그의 정강이를 때렸다.

原壤이 夷俟러니 子曰, 幼而不孫弟하며 長而無述焉이오
老而不死 是爲賊이라 하시고 以杖叩其脛하시다.

46. 성급하게 성공하기를 바라는 아이

궐(闕)이라는 향당의 한 소년이 전갈(傳喝)을 하고 있었다.
어떤 사람이,

"저 아이는 장차 공부하고 정진할 수 있을까요?"

하고 물었다. 이에 공자가 대답했다.

"나는 저 아이가 어른 자리에 앉아 있는 것을 보았으며 또
어른과 나란히 걸어가는 것을 보았습니다. 그러므로 저 아이
는 공부하고 정진하려는 아이가 아니고 성급하게 성공하기를

바라는 아이입니다."

　闕黨童子 將命이어늘 或이 問之曰, 益者與이꼬? 子曰,
吾見其居於位也하며 見其與先生並行也호니 非求益者也라
欲速成者也니라.

제15편　위령공편(衛靈公篇)

1. 전쟁의 작전법은 배운 바 없다

위나라의 영공이 공자에게 전진(戰陣)의 법을 묻자 공자가
대답했다.

"제사지낼 때 제기를 진설하는 법에 대해서는 일찍이 들어
알고 있지만 전쟁의 작전법은 배운 바 없습니다."

그리고 이튿날 위나라를 떠났다.

　　衛靈公이 問陳於孔子한대 孔子對曰, 俎豆之事는 則嘗聞
　之矣어니와 軍旅之事는 未之學也라 하시고 明日遂行하시다.

2. 군자는 당연히 궁핍하게 마련이다

진나라에서 양식이 떨어지고 수행하는 제자들이 병들어 일어나지 못하게 되었다. 이에 자로가 화를 내며 공자를 뵙고 말했다.

"군자가 이렇듯이 궁핍해야 합니까?"

공자가 말했다.

"군자는 원래 궁핍하게 마련이다. 소인배는 궁핍하면 문란하게 된다."

在陳絶糧하니 從者病하야 莫能興이러니 子路 慍見曰, 君子亦有窮乎이꼬? 子曰, 君子는 固窮이니 小人은 窮斯濫矣니라.

3. 나는 하나를 가지고 꿰뚫고 있다

공자가 자공에게 물었다.

"사(자공)야! 너는 내가 많은 것을 배우고 또 그것들을 다 기억하고 있다고 생각하겠지?"

자공이

"네! 안 그렇습니까?"

하고 되묻자 공자가 말했다.

"안 그렇다. 나는 하나를 가지고 꿰뚫고 있는 것이다."

子曰, 賜也아 女以予爲多學而識之者與아? 對曰, 然하이다. 非與이꼬? 曰, 非也라 予一以貫之니라.

4. 덕을 아는 사람이 거의 없다

공자가 말했다.
"유(자로)야! 덕을 아는 사람이 거의 없구나."

子曰, 由아 知德者 鮮矣니라.

5. 의도적으로 꾸미지 않고 다스린 분

공자가 말했다.
"의도적으로 꾸미지 않고 다스린 분이 바로 순임금이셨다. 어찌 하셨나 하면 몸가짐을 공손히 하고 또 바르게 하시고 남쪽을 바라보고 앉아 계실 뿐이었다."

子曰, 無爲而治者는 其舜也與신저. 夫何爲哉시리오 恭己正南面而已矣시니라.

6. 도를 행하는 태도

자장이 도를 행하는 태도에 대해서 묻자 공자가 말했다.
"군자가 말을 충성되고 믿음직하게 하고 행실을 돈후하고 공손하게 하면, 비록 오랑캐 나라에서도 도가 행해질 것이다.

그러나 말이 충성되거나 믿음직하지 못하고 또 행실이 돈후
하거나 공손하지 못하면, 향리인들 도가 행해지겠느냐? 그
러므로 군자는 (충신독경〈忠信篤敬〉을) 서있을 때에도 눈앞
에 엄숙히 떠올리고, 수레를 탔을 때에도 수레멍에에 걸려
있는 듯이 살펴야 한다. 그렇게 하면 도가 행해진다."
자장이 (이 말을) 허리띠에 적었다.

子張이 問行한대 子曰, 言忠信하며 行篤敬이면 雖蠻貊之
邦이라도 行矣어니와 言不忠信하며 行不篤敬이면 雖州里니
行乎哉아? 立則見其參於前也오 在輿則見其倚於衡也니 夫
然後行이니라. 子張이 書諸紳하니라.

7. 도가 없으면 거두어 감춘다

공자가 말했다.
"참으로 곧다, 사어는 나라에 도가 있어도 화살같이 곧게 행
하고, 나라에 도가 없어도 화살같이 곧게 행하노라. 참으로
군자로다, 거백옥은 나라에 도가 있으면 벼슬하고 나라에 도
가 없으면 거두어 감춘다."

子曰, 直哉라 史魚여, 邦有道에 如矢하며 邦無道에 如矢
로다. 君子哉라 蘧伯玉이여, 邦有道則仕하고 邦無道則可卷
而懷之로다.

※ ○史魚(사어)-위(衛)나라의 대부(大夫).

8. 지혜로운 사람은 사람도 말도 잃지 않는다

공자가 말했다.

"더불어 말할 수 있는 사람과 말을 하지 않으면 사람을 잃고, 더불어 말할 수 없는 사람과 말을 하면 말을 잃는다. 지혜로운 사람은 사람도 잃지 않고 또 말도 잃지 않는다."

子曰, 可與言而不與言이면 失人이오 不可與言而與之言이면 失言이니 知者는 不失人하며 亦不失言하니라.

9. 살신성인(殺身成仁)

공자가 말했다.

"지사나 인자는 살기 위하여 인을 해치는 일이 없다. 도리어 몸을 죽여 인을 이룩한다."

子曰, 志士仁人은 無求生以害仁이오 有殺身以成仁이니라.

10. 먼저 인자와 벗하라

자공이 인을 이룩하는 방법을 묻자 공자가 말했다.

"공장이가 일을 잘하려면 반드시 먼저 연장을 예리하게 한다. 그러므로 그 나라에 있을 때는 그 나라의 현명한 대부를 섬기고 또 인덕 있는 선비와 벗하여야 한다."

子貢이 問爲仁한대 子曰, 工欲善其事인댄 必先利其器니
居是邦也하야 事其大夫之賢者하며 友其士之仁者니라.

11. 역사적으로 좋은 점을 따서 나라를 다스려라

안연이 나라 다스리는 법을 묻자 공자가 말했다.
"하나라의 역법(曆法)을 쓰고, 은나라의 수레를 타고, 주나
라의 면류관을 쓰고, 음악은 소무(韶舞)를 따르되, 정나라의
음악은 추방하고, 아첨하는 자들을 멀리하라. 정나라의 음악
은 음란하고 아첨하는 사람은 위태롭다."

顏淵이 問爲邦한대 子曰, 行夏之時하며 乘殷之輅하며 服
周之冕하며 樂則韶舞요 放鄭聲하며 遠佞人이니 鄭聲은 淫
하고 佞人은 殆니라.

12. 멀리 보지 않으면 가까운 근심이 생긴다

공자가 말했다.
"사람은 멀리 생각하지 않으면 반드시 가까운 근심이 있게
마련이다."

子曰, 人無遠慮면 必有近憂니라.

13. 여색처럼 덕을 좋아하는 자 없다

공자가 말했다.

"다 되었구나! 나는 아직까지 덕 좋아하기를 여색 좋아하듯
하는 자를 보지 못했다."

子曰, 已矣乎라 吾未見好德을 如好色者也케라.

14. 현명한 사람을 안 쓰면 벼슬 도둑이 된다

공자가 말했다.

"장문중은 벼슬자리를 도둑질하는 사람이다. 유하혜가 어진
사람인 줄 알면서도 자기와 함께 벼슬자리에 서게 하지 않
는다."

子曰, 臧文仲은 其竊位者與인저 知柳下惠之賢 而不與
立也로다.

※ ○臧文仲(장문중)—노(魯)나라의 대부(大夫).

15. 자신에 대한 책망을 엄하게 하라

공자가 말했다.

"자기 자신에 대한 책망은 엄하게 하고 남에 대한 책망을 가

볍게 하면 원망이 멀어진다."

　　子曰, 躬自厚而薄責於人이면 則遠怨矣니라.

16. 어찌할 수 없는 사람

공자가 말했다.
"어찌할까! 어찌할까! 하고 걱정하지 않는 사람에 대해서는
나도 어찌할 수가 없다."

　　子曰, 不曰如之何 如之何者는 吾末如之何也已矣니라.

17. 자잘한 재치만 부리는 인간

공자가 말했다.
"종일토록 모여있으면서 하는 말이 의(義)에 미치지 않고 자
잘한 재치만 부리는 인간들은 참으로 곤란하다."

　　子曰, 羣居終日에 言不及義오 好行小慧면 難矣哉라.

18. 참다운 군자는 의를 바탕으로 한다

공자가 말했다.
"군자는 의를 바탕으로 하고 예를 행하고 겸손하게 말하고
신의로써 매듭을 짓는다. (이런 사람이) 참다운 군자이다."

子曰, 君子 義以爲質이오 禮以行之하며 孫以出之하며 信
以成之하나니 君子哉라.

19. 군자는 자신의 무능을 걱정한다

공자가 말했다.
"군자는 자신의 무능을 걱정할 뿐, 남이 자기를 알아주지 않
는 것은 걱정하지 않는다."

子曰, 君子病無能焉이오 不病人之不己知也니라.

20. 군자는 이름을 내야 한다

공자가 말했다.
"군자는 종신토록 이름이 나지 않는 것을 유감으로 여긴다."

子曰, 君子는 疾沒世而名不稱焉이니라.

21. 군자는 자신에게서 구한다

공자가 말했다.
"군자는 자신에게서 구하고 소인은 남에게서 구한다."

子曰, 君子는 求諸己오 小人은 求諸人이니라.

22. 군자는 어울리되 편들지 않는다

공자가 말했다.
"군자는 긍지를 가지되 다투지 않으며 어울리되 편당하지 않는다."

子曰, 君子는 矜而不爭하며 羣而不黨이니라.

23. 말만으로 사람을 추켜세우지 않는다

공자가 말했다.
"군자는 말만으로 사람을 추켜세우지 않고, 사람의 (위상이 낮다고) 그의 말까지 폐기하지 않는다."

子曰, 君子는 不以言舉人하며 不以人廢言이니라.

24. 평생 지키고 행할 한마디 말

자공이,
"한마디로 평생토록 지키고 행할 덕을 나타낸 말이 있습니까?"
하고 묻자, 공자가 말했다.
"바로 서(恕)라는 말이다. 나 자신이 원치 않는 일을 남에게 강요하지 마라."

子貢이 問曰, 有一言而可以終身行之者乎이꼬? 子曰, 其
恕乎인저. 己所不欲을 勿施於人이라.

25. 실증을 가지고 사람을 평한다

공자가 말했다.

"내가 남들에 대해서 누구를 허물하고 누구를 칭찬하랴? 만
약 칭찬한 사람이 있다면 그럴 만한 실증이 있다. 오늘의 이
백성들도 하은주(夏殷周) 3대 때에 도를 따라 곧게 살던 사
람들과 같다."

子曰, 吾之於人也에 誰毀誰譽리오? 如有所譽者면 其有
所試矣니라. 斯民也는 三代之所以直道而行也니라.

26. 옛날의 사관은 확실한 것만 기술했다

공자가 말했다.

"전에 역사를 기록한 사관은 의아한 것을 빼놓고 적지 않았
다. 또 말 있는 사람이 자기의 말을 남에게 빌려주어 타게
하는 좋은 일이 있었다. 그러나 지금은 그런 일이 전혀 없
게 되었다."

子曰, 吾猶及史之闕文也아 有馬者 借人乘之호니 今亡
矣夫인저.

27. 작은 것을 참지 못하면 큰일을 흐트러뜨린다

공자가 말했다.

"간교한 말은 덕을 어지럽히고 작은 것을 참지 못하면 도모하는 큰일을 흐트러뜨린다."

子曰, 巧言은 亂德이오 小不忍은 則亂大謀니라.

28. 대중을 따라 잘 살펴야 한다

공자가 말했다.

"대중이 미워하는 것도 반드시 잘 살펴보고 대중이 좋아하는 것도 반드시 잘 살펴보아야 한다."

子曰, 衆惡之라도 必察焉하며 衆好之라도 必察焉이니라.

29. 사람이 도를 넓힌다

공자가 말했다.

"사람이 도를 넓힐 수 있는 것이지 도가 사람을 넓히는 것이 아니다."

子曰, 人能弘道요 非道弘人이니라.

30. 잘못을 안 고치는 것이 바로 잘못

공자가 말했다.

"잘못하고도 고치지 않는 것이 바로 잘못이니라."

子曰, 過而不改를 是謂過矣니라.

31. 생각보다 배워라

공자가 말했다.

"나는 전에 종일토록 먹지도 않고, 밤새도록 잠도 자지 않고 생각만 했다. 그러나 아무런 이로움도 없었다. 역시 배우는 것만 못하더라."

子曰, 吾嘗終日不食하며 終夜不寢하야 以思하니 無益이라 不如學也로다.

32. 도를 걱정하되 가난을 걱정하지 않는다

공자가 말했다.

"군자는 도를 도모하고 밥을 도모하지 않는다. 농사를 지어도 굶주릴 수 있으나 배우면 저절로 녹을 얻을 수 있다. 군자는 도를 걱정하되 가난을 걱정하지 않는다."

子曰, 君子는 謀道요 不謀食하나니 耕也에 餒在其中矣요
學也에 祿在其中矣니 君子는 憂道요 不憂貧이니라.

33. 인덕과 예(禮)로써 다스려야 한다

공자가 말했다.

"지능으로써 나라를 얻었다 해도 인덕으로써 지키지 않으면
반드시 잃게 된다. 지능으로써 나라를 얻고 인덕으로써 지킨
다 해도 장엄한 태도로 임하지 않으면 백성들이 존경하지 않
는다. 지능으로써 나라를 얻고 인덕으로써 지키고 또 장엄한
태도로 임하기도 하되 백성을 부림에 있어 예로써 하지 않으
면 역시 완전하지 못하다."

子曰, 知及之오도 仁不能守之면 雖得之나 必失之니라.
知及之하며 仁能守之오도 不莊以涖之면 則民不敬이니라.
知及之하며 仁能守之하며 莊以涖之오도 動之不以禮면 未
善也니라.

34. 작은 것을 몰라도 큰일은 다스린다

공자가 말했다.

"군자는 작은 일은 몰라도 큰일은 맡아서 다스릴 수 있다. 소
인은 큰일은 맡아서 다스릴 수 없어도 작은 일은 잘 안다."

子曰, 君子는 不可小知 而可大受也요 小人은 不可大受

而可小知也니라.

35. 인은 물이나 불보다 더 중요하다

공자가 말했다.

"사람에게 있어 인은 물이나 불보다 더 중요하다. 지금까지 물이나 불 속에서 죽은 사람은 보았으나 인을 따르다가 죽었다는 사람은 보지 못했다."

子曰, 民之於仁也에 甚於水火하니 水火는 吾見蹈而死者矣어니와 未見蹈仁而死者也케라.

36. 인은 스승에게도 양보하지 않는다

공자가 말했다.

"인을 행함에 있어서는 스승에게도 양보하지 않는다."

子曰, 當仁하야 不讓於師니라.

37. 군자는 맹신하지 않는다

공자가 말했다.

"군자는 굳고 바르지만 맹신하지 않는다."

子曰, 君子는 貞而不諒이니라.

38. 먼저 직책을 다하고 다음에 녹을 받는다

공자가 말했다.

"임금을 섬길 때에는 먼저 자기의 직책을 성심껏 수행하고
그 다음에 녹을 받아 먹어야 한다."

　　子曰, 事君호대 敬其事 而後其食이니라.

39. 가르침은 있으되 유별은 없다

공자가 말했다.

"가르침이 있을 뿐 (선천적인) 유별 차등은 없다."

　　子曰, 有教無類니라.

40. 도가 같지 않으면 함께 도모하지 않는다

공자가 말했다.

"지키는 도가 같지 않으면 일을 함께 도모하지 않는다."

　　子曰, 道不同이면 不相爲謀니라.

41. 뜻을 바르게 전달해야 한다

공자가 말했다.

"말은 뜻을 바르게 전달해야 된다."

　子曰, 辭達而已矣니라.

42. 소경에게도 자상했던 공자

　악사인 소경 면이 공자를 찾아와 뵙자, 그가 층계 앞에 오면
공자가
　"층계요."
라 하고, 그가 자리 앞에 오면 공자가
　"자리요."
라 하고, 그가 자리잡고 앉으면 공자가
　"아무개는 여기 있고, 아무개는 저기 있소."
하고 말했다.
　악사 면이 물러간 다음에 자장이 물었다.
　"소경인 악사에게 말하는 도가 있습니까?"
　공자가 대답했다.
　"그렇다, 바로 그렇게 하는 것이 소경인 악사를 돕는 길이다."

　　師冕이 見할새 及階어늘 子曰, 階也라 하시고 及席어늘 子
曰, 席也라 하시고 皆坐어늘 子告之曰, 某在斯 某在斯라 하
시다. 師冕이 出커늘 子張이 問曰, 與師言之道與이꼬? 子曰,
然하다 固相師之道也니라.

제16편 계씨편(季氏篇)

1-1. 네가 보필을 잘못한 것이 아니냐

계씨가 전유를 치려고 했다. 이에 (계씨 밑에서 벼슬하던) 염유와 계로가 공자에게

"계씨가 전유를 치려고 합니다."

하고 아뢰자 공자가 말했다.

"구야! 그것은 바로 네 잘못이 아니겠느냐? 무릇 전유는 옛날의 주나라 선왕께서 그를 동쪽 몽산에 봉하고 그를 몽산의 제주(祭酒)로 삼으셨고 또 노나라 지역 안에 있으며 또 그는 바로 노나라 사직의 신하의 나라다. 그런데 어찌 (계씨가) 함부로 친단 말이냐?"

季氏 將伐顓臾러니 冉有季路 見於孔子曰, 季氏將有事

於顓臾로소이다. 孔子曰, 求아 無乃爾是過與아? 夫顓臾는 昔者先王以爲東蒙主하시고 且在邦域之中矣라 是社稷之臣也니 何以伐爲리오.

1-2. 신하의 책임을 다하지 못한 죄

염유가

"계씨가 치려고 하는 것이지 저희들이 원하는 것이 아닙니다."

라고 말하자 공자가 말했다.

"구야! 옛날의 사관(史官) 주임이 다음같이 말했다. 자기의 재능을 펴고 벼슬에 오르되 만약 제 힘으로 감당하지 못하면 물러난다고 했다. 그런데 위태로워도 붙잡지 못하고 엎어져도 일으키지 못한다면 그런 신하를 어디에 쓰겠느냐? 또 그대들의 말도 잘못이다. 범과 들소가 우리 밖에 나오거나 궤 속에 넣어둔 귀옥이 깨어졌다면 그 누구의 잘못이겠느냐?"

冉有曰, 夫子欲之인정 吾二臣者는 皆不欲也로이다. 孔子曰, 求아 周任有言曰, 陳力就列하야 不能者止라 하니 危而不持하고 顚而不扶면 則將焉用彼相矣리오? 且爾言過矣로나 虎兕出於柙하며 龜玉毁於櫝中이 是誰之過與오?

1-3. 군자는 말 꾸미는 것을 미워한다

염유가 말했다.

"지금 전유는 성이 견고하고 또 비에 가까우므로, 지금 이를 치고 빼앗지 않으면 장차 반드시 자손들의 우환거리가 될 것입니다."

이에 공자가 말했다.

"군자는 안 그런 척하고 욕심을 내고 또 말 꾸미는 것을 미워한다."

冉有曰, 今夫顓臾 固而近於費하니 今不取면 後世必爲子孫憂하리이다. 孔子曰, 求아 君子는 疾夫舍曰欲之오 而必爲之辭니라.

1-4. 가난보다 편안하지 못함을 걱정한다

"내가 들은 바 '나라를 다스리는 사람은 백성 적음을 걱정하지 않고 (혜택이나 분배가) 고르지 못함을 걱정하며, 가난을 걱정하지 않고 편안하지 못함을 걱정한다'라고 했다. 대개 고르면 가난하지 않고 화목하면 백성이 적지 않을 것이고 편안하면 나라가 기울지 않을 것이다. 그러므로 먼 데 사람이 복종하지 않으면 문화적인 덕치로 교화시켜 스스로 오게 할 것이며 오면 그들을 편안히 살게 해주어야 한다."

丘也는 聞, 有國有家者 不患寡 而患不均하며 不患貧 而
患不安이라 호니 蓋均이면 無貧이오 和면 無寡오 安이면 無
傾이니라. 夫如是 故로 遠人不服이면 則脩文德以來之하고
旣來之엔 則安之로라.

1-5. 걱정이 울타리 안에 있다

"지금 유와 구는 계씨를 돕는데, 먼 데 사람들이 스스로 복
종하여 좇아오게 하지 못했을 뿐만 아니라 민심이 이탈되고
나라가 쪼개지는데도 이를 막고 지키지 못하면서 도리어 같
은 나라 안에서 전쟁을 일으키고자 하는구나. 나는 계씨의
걱정이 전유에 있는 것이 아니라 바로 울타리 안에 있음을
우려하노라."

今由與求也는 相夫子호대 遠人이 不服 而不能來也하며
邦分崩離析 而不能守也하고 而謀動干戈於邦内하니 吾恐
季孫之憂 不在顓臾 而在蕭牆之内也하노라.

2. 도가 있으면 서민들이 논란하지 않는다

공자가 말했다.
"천하에 도가 있으면 예악과 정벌의 명령이 천자로부터 나오
고, 천하에 도가 없으면 예악과 정벌의 명령이 제후로부터
나온다. 제후로부터 나오면 대략 10대로 망하지 않음이 없

고, 대부로부터 나오면 5대로 망하지 않음이 없고 가신이 국권을 잡으면 3대에 망하지 않음이 없다. 천하에 도가 있으면 정사가 대부의 손에 있을 리 없고 천하에 도가 있으면 서민들이 논란하지 않는다."

孔子曰, 天下有道 則禮樂征伐이 自天子出하고 天下無道 則禮樂征伐이 自諸侯出하나니 自諸侯出이면 蓋十世希不失矣요 自大夫出이면 五世希不失矣요 陪臣執國命이면 三世希不失矣니라. 天下有道면 則政不在大夫하고 天下有道면 則庶人不議하나니라.

3. 삼환의 자손이 미약해지는 것이 당연하다

공자가 말했다.
"작록을 주는 권한이 왕실에서 떠난 지 5세가 되었고, 정령이 대부에게 넘어간 지가 4대나 되었다. 그러므로 삼환의 자손도 미약해지는 것이 당연하다."

孔子曰, 祿之去公室이 五世矣요 政逮於大夫이 四世矣니 故로 夫三桓之子孫이 微矣니라.

4. 이로운 벗과 해로운 벗

공자가 말했다.
"이로운 벗이 셋이고 해로운 벗이 셋이다. 정직한 사람과 벗하고 성실한 사람과 벗하고 박학다식한 사람과 벗하면 유익하다. 알랑거리고 비위를 잘 맞추는 사람과 벗하거나 굽실대는 사람과 벗하거나 빈말 잘하는 사람과 벗하면 해롭다."

孔子曰, 益者三友오 損者三友니 友直하며 友諒하며 友多聞이면 益矣오 友便辟하며 友善柔하며 友便佞이면 損矣니라.

5. 유익한 즐거움, 해가 되는 즐거움

공자가 말했다.
"좋아하는 일 중에 유익한 것이 셋이고 해로운 것이 셋이다. 예악을 따라 절제하기를 좋아하거나 남의 착한 일 말하기를 좋아하거나 현명한 벗을 많이 갖기를 좋아하는 일은 유익하다. 방자한 쾌락을 좋아하는 것이나 일락 유흥을 좋아하는 것이나 술잔치 좋아하는 것은 해롭다."

孔子曰, 益者三樂오 損者三樂니라. 樂節禮樂하며 樂道人之善하며 樂多賢友면 益矣오 樂驕樂하며 樂佚遊하며 樂宴樂이면 損矣니라.

6. 세 가지 잘못

공자가 말했다.
"군자를 모시고 있을 때 저지르기 쉬운 잘못이 셋이 있다. 윗사람이 말을 하기 전에 먼저 입을 여는 것을 조급한 탓이라 한다. 윗사람이 말을 했는데도 대꾸하지 않는 것을 속을 감추는 탓이라 한다. 윗사람의 안색을 살피지 않고 함부로 떠드는 것을 장님의 탓이라 한다."

孔子曰, 侍於君子에 有三愆하니 言未及之而言을 謂之躁요 言及之而不言을 謂之隱이오 未見顔色而言을 謂之瞽니라.

7. 세 가지 경계할 일

공자가 말했다.
"군자가 경계해야 할 세 가지가 있다. 청소년기에는 혈기가 안정되지 않았으므로 여색을 경계해야 하며, 장년기에는 혈기가 마냥 성하기 때문에 싸움을 경계해야 하며, 노년기에는 혈기가 쇠잔하기 때문에 욕심을 경계해야 한다."

孔子曰, 君子有三戒하니 少之時에 血氣未定이라 戒之在色이오, 及其壯也에 血氣方剛이라 戒之在鬪요, 及其老也에 血氣旣衰라 戒之在得이니라.

8. 두려워해야 할 세 가지

공자가 말했다.
"군자가 두려워해야 할 것이 세 가지 있다. 천명을 두려워해야 하고 대인을 두려워해야 하고 성인의 가르침을 두려워해야 한다. 소인은 천명을 알지 못하므로 두려워하지 않으며 대인에게 함부로 대하고 성인의 가르침을 업신여긴다."

孔子曰, 君子有三畏하니 畏天命하며 畏大人하며 畏聖人
之言이니라. 小人은 不知天命 而不畏也라 狎大人하며 侮聖
人之言이니라.

9. 스스로 아는 사람이 으뜸이다

공자가 말했다.
"나면서 스스로 아는 사람은 으뜸이고 배워서 아는 사람은
다음이고 막히자 애써 배우는 사람은 그 다음이다. 그러나
막혀도 배우지 않는 자를 세상 사람들은 하치라고 친다."

孔子曰, 生而知之者는 上也요 學而知之者는 次也요 困
而學之는 又其次也니 困而不學이면 民斯爲下矣니라.

10. 깊이 생각해야 할 아홉 가지 일

공자가 말했다.
"군자가 깊이 생각해야 할 일이 아홉 가지 있다. 사물을 밝
고 정확하게 보려고 생각해야 한다. 남의 말을 들을 때에는
사리를 총명하게 분별하려고 생각해야 한다. 남에게 대할 때
에는 안색 표정을 온화하게 하려고 생각해야 한다. 몸가짐과
태도를 공손하게 하려고 생각해야 한다. 말을 성실하고 진실

되게 하려고 생각해야 한다. 일처리를 경건하게 하려고 생각
해야 한다. 의아한 것은 남에게 묻고자 해야 한다. 분이 나도
뒤에 닥쳐올 재난을 생각하고 참고 자제해야 한다. 이득이
있어도 먼저 도의를 생각해야 한다."

孔子曰, 君子有九思하니 視思明하며 聽思聰하며 色思溫
하며 貌思恭하며 言思忠하며 事思敬하며 疑思問하며 忿思難
하며 見得思義니라.

11. 선을 보면 더욱 노력하라

공자가 말했다.

"선을 보면 못 미칠 것처럼 더욱 노력하여 선을 행하고, 선
하지 않은 것을 보면 끓는 물 속에 손을 넣고 더듬다가 후딱
빼듯이 물러나라. 나는 그런 사람을 보기도 했고 또 그런 사
람의 말을 듣기도 했다. 한편 은퇴하고 있으면서 자기가 뜻
한 바 도를 찾고 의를 행하면서 자기가 옳다고 믿는 도를 달
성한다. 나는 그런 사람의 말을 듣기는 했어도, 아직 그런
사람을 보지는 못했다."

孔子曰, 見善如不及하며 見不善如探湯을 吾見其人矣요
吾聞其語矣로라. 隱居以求其志하며 行義以達其道를 吾聞
其語矣요 未見其人也로라.

12. 백이 숙제를 오늘에도 칭송한다

제나라의 경공은 말 4천 필을 가졌으나 죽을 때에 사람들이 그의 덕을 칭송하지 않았다. 백이 숙제는 수양산 밑에서 굶어 죽었지만 사람들이 오늘날에도 칭송한다. (《시경》의 말은 이를 두고 한 말일 것이다)

齊景公이 有馬千駟호되 死之日에 民無德而稱焉이오 伯夷叔齊는 餓于首陽之下호되 民到于今稱之하나니라. 其斯之謂與인저.

13-1. 시를 안 배우면 더불어 말할 수 없다

진항이 백어에게,
"그대는 아버지로부터 남달리 가르침을 받은 일이 있는가?"
하고 묻자 백어가 대답했다.
"없습니다. 하루는 아버지가 홀로 서계실 때에 내가 뜰 앞을 지나갔더니 아버지가 '너는 시를 배웠느냐?'하고 물으시기에 '아직 못 배웠습니다'하고 아뢰자 '시를 배우지 않으면 남과 더불어 말할 수 없다'고 하시므로 나는 물러나 시를 공부했습니다."

陳亢이 問於伯魚曰, 子亦有異聞乎아? 對曰, 未也로라 嘗獨立이어시늘 鯉趨而過庭이러니 曰學詩乎아? 對曰, 未也로

소이다 **不學詩**면 **無以言**이라시거늘 **鯉 退而學詩**호라.

13-2. 하나를 묻고 셋을 얻다

"어느 날 또 아버지가 혼자 서계실 때 내가 뜰 앞을 지나 가자 아버지께서 '너 예를 배웠느냐?'하고 물으시기에 '아직 못 배웠습니다'하고 아뢰었더니 아버지가 '예를 배우지 않으면 세상에 나서서 행세할 수 없다'고 하셨습니다. 그래서 물러나 예를 배웠습니다. 제가 아버지로부터 직접 들은 말씀은 이 두 가지뿐입니다."

진항은 물러나 기뻐하며 말했다.

"하나를 묻고 셋을 얻었다. 시와 예의 가르침을 알았고 또 군자는 자기 아들이라 하여 특별히 가까이하지 않음도 알았다."

　　他日　又獨立이시거늘　**鯉趨而過庭**이러니　曰, 學禮乎아? 對曰, 未也로소이다. **不學禮**면　**無以立**이라 하시거늘　**鯉退而學禮**로라　**聞斯二者**로라. **陳亢退而喜曰, 問一得三**호니　**聞詩聞禮**하고　**又聞君子之遠其子也**호라.

14. 부인(夫人)의 호칭

"임금의 아내를 임금이 부를 때는 부인이라 하고, 부인 스스로는 소동이라 하고, 그 나라 사람이 부르기는 군부인이라고 한다. 다른 나라 사람에게 일컬을 때는 과소군이라 하고, 다른 나라 사람이 부를 때는 역시 군부인이라 한다."

邦君之妻를 君이 稱之曰夫人이오. 夫人이 自稱曰小童이오. 邦人이 稱之에 曰君夫人이오 稱諸異邦曰寡小君이오. 異邦人이 稱之에 亦曰君夫人이니라.

제17편   양화편(陽貨篇)

1. 공자가 양화를 피하다

계씨의 가신인 무도한 양자가 공자를 만나려고 했으나 공자
가 만나주지 않았다. 그러자 양자가 공자에게 돼지를 선물로
보냈다. 이에 공자는 양자가 그 집에 없을 만한 때를 타서 사
례를 하러 갔다가 공교롭게도 도중에서 그를 만났다.

양자가 말했다.

"이리 오시오. 나는 당신과 함께 말하고 싶소. 귀중한 보배
를 지니고 있으면서 (나라를 구하지 않고) 혼미하게 내버려
두는 것을 인(仁)이라 하겠소?"

(공자) "아닙니다."

(양화) "일을 하고자 하면서 자주 때를 놓치는 것을 지혜롭

다 하겠소?"

(공자) "아닙니다."

(양화) "세월은 지나가고 우리를 기다리지 않소."

(공자) "그렇습니다. 장차 내가 나가서 일을 하지요."

陽貨이 欲見孔子어늘 孔子不見하신대 歸孔子豚이어늘 孔
子時其亡也 而往拜之러시니 遇諸塗하시대 謂孔子曰, 來하
라 予與爾言호리라. 曰, 懷其寶而迷其邦을 可謂仁乎아? 曰,
不可라. 好從事 而亟失時를 可謂知乎아? 曰, 不可라. 日月
逝矣라 歲不我與니라. 孔子曰, 諾타 吾將仕矣호리라.

2. 본성은 비슷하나 배우기에 따라 다르게 된다

공자가 말했다.

"인간의 본성은 서로 비슷하지만 배우고 익힘에 따라 서로
달라지고 멀어진다."

子曰, 性相近也나 習相遠也니라.

3. 상지(上知)와 하우(下愚)는 바뀔 수 없다

공자가 말했다.

"최상의 지혜로운 사람과 반대로 최하의 어리석은 사람은 서
로 바뀔 수 없다."

子曰, 唯上知與下愚는 不移니라.

4. 닭을 잡는 데 어찌 소 잡는 칼을 쓰나?

공자가 무성에 가서 예악 울리는 소리를 듣고 빙그레 웃으면서 말했다.

"닭을 잡는 데 어찌 소 잡는 칼을 쓰느냐?"

이에 무성의 읍재로 있는 자유가 대답하여 말했다.

"전에 저는 선생님에게 들은 바 있습니다. '군자는 도를 배우면 백성들을 사랑하고 소인들은 도를 배우면 부리기 쉽다'고 하셨습니다."

그러자 공자가 말했다.

"애들아! 언의 말이 옳다. 아까 내가 한 말은 농담 삼아 한 말이다."

> 子之武城하야 聞弦歌之聲하시다. 夫子 莞爾而笑曰, 割雞
> 焉用牛刀리오? 子游 對曰, 昔者에 偃也聞諸夫子하니 曰君
> 子學道則愛人이고 小人學道則易使也라 호이다. 子曰, 二三
> 者아 偃之言이 是也니 前言은 戱之耳니라.

5. 나는 노(魯)를 주(周)같이 부흥시키겠다

공산불요가 비에서 반란을 일으키고 공자를 불렀으며 이에 공자가 가려고 하자 자로가 불쾌한 듯이 말했다.

"가지 마세요. 하필이면 무도한 공산씨에게로 가시려고 하십니까?"

공자가 말했다.

"나를 부르는 사람이 어찌 헛되게 부르겠느냐? 만약 나를 써주는 사람이 있다면 나는 (동쪽에 있는 이 나라, 즉 노나라를) 주나라처럼 부흥시키겠다."

公山弗擾以費畔하야 召어늘 子欲往이러시니 子路不說하야 曰, 末之也已니 何必公山氏之之也시리이꼬? 子曰, 夫召我者는 而豈徒哉리오 如有用我者인댄 吾其爲東周乎인저.

※ ㅇ公山弗擾(공산불요) ― 공산(公山)은 성, 불요(弗擾)가 이름. 계씨(季氏)의 가신(家臣)이며 비(費) 땅의 읍재(邑宰)였다.

6. 인(仁)을 성취할 다섯 가지

자장이 공자에게 인에 대해서 묻자 공자가 말했다.

"다섯 가지를 천하에 실천할 수 있으면 그것이 곧 인이 된다."

자장이

"그 다섯 가지를 말씀해 주세요."

하고 청하자 공자가 말했다.

"공손·관대·신의·민첩 및 은혜의 다섯 가지다. 공손하면 욕을 보지 않고, 관대하면 많은 사람들을 얻고, 신의가 있으면 남들이 일을 맡기게 되고, 민첩하면 일을 성취할 수 있고, 은혜로우면 남들을 족히 부릴 수 있다."

子張이 問仁於孔子한대 孔子曰, 能行五者於天下면 爲仁 矣니라. 請問之한대 曰, 恭寬信敏惠니 恭則不侮하고 寬則得 衆하고 信則人任焉하고 敏則有功하고 惠則足以使人이니라.

7. 어찌 바가지처럼 있겠느냐?

필힐이 공자를 부르자 공자가 가려고 했다. 이에 자로가 말했다.

"전에 선생님이 하신 말씀을 들은 바 있습니다. '자기 자신에게도 좋지 못한 일을 하는 그런 사람들 속에 군자는 들어가지 않는다'라고 하셨습니다. 그런데 지금 필힐이 중모에서 모반하고 있는데 선생님께서 가려고 하시니 어찌된 일입니까?"

공자가 말했다.

"그렇다. 그러나 나는 전에 (다음과 같은) 말을 한 바도 있다. '갈아도 닳지 않으니 굳다고 아니 말하랴! 물들여도 검어지지 않으니 희다고 아니 말하랴! 또 내가 어찌 바가지처럼 공중에 매달린 채 먹지 않고 살겠느냐?'"

佛肹召어늘 子欲往이러시니 子路曰, 昔者에 由也聞諸夫 子호니 曰親於其身 爲不善者어든 君子不入也라 하시니 佛 肹以中牟畔이어늘 子之往也는 如之何이꼬? 子曰, 然하다 有

是言也니라. 不曰堅乎아 磨而不磷이니라. 不曰白乎아 涅而
不緇니라. 吾 豈匏瓜也哉라 焉能繫而不食이리오?

※ ○佛肸(필힐)－진(晉)나라의 대부. 조간자(趙簡子)의 가신(家臣)
으로 중모(中牟)의 읍재(邑宰)였다.

8. 육언 육폐(六言六蔽)

공자가 자로에게 물었다.
"유야! 너는 여섯 가지 덕을 나타내는 말 속에 숨은 여섯 가
지 폐단에 대해서 들었느냐?"
자로가
"아직 못 들었습니다."
라고 하자 공자가 말했다.
"거기 앉거라. 내가 말해주마. 인(仁)을 좋아하되 배우기를
좋아하지 않으면 그 폐는 어리석게 된다. 지(知)를 좋아하되
배우기를 좋아하지 않으면 그 폐는 허황하게 된다. 신(信)을
좋아하되 배우기를 좋아하지 않으면 그 폐는 남을 해치게 된
다. 직(直)을 좋아하되 배우기를 좋아하지 않으면 그 폐는
각박하게 된다. 용(勇)을 좋아하되 배우기를 좋아하지 않으
면 그 폐는 난동에 흐르게 된다. 강(剛)을 좋아하되 배우기
를 좋아하지 않으면 그 폐는 광기를 부리게 된다."

子曰, 由也아 女聞六言六蔽矣乎아? 對曰, 未也로이다. 居
하라 吾語女호리라. 好仁不好學이면 其蔽也愚오 好知不好

學이면 其蔽也蕩이오 好信不好學이면 其蔽也賊이오 好直不
好學이면 其蔽也絞오 好勇不好學이면 其蔽也亂이오 好剛
不好學이면 其蔽也狂이니라.

9. 그대들은 왜 시를 공부하지 않는가?

공자가 말했다.

"그대들은 왜 시를 공부하지 않는가? 시는 사람에게 감흥을
돋우게 하고 모든 사물을 관찰케 하며 대중과 함께 어울리고
즐기게 하며 은근히 정치를 풍자하기도 한다. 가깝게는 부모
를 섬기고 멀게는 임금을 섬기는 도리를 시에서 배울 수 있
다. 또 시를 통해 새나 짐승·풀·나무들의 이름도 많이 배
우게 된다."

子曰, 小子는 何莫學夫詩오? 詩는 可以興이며 可以觀이
며 可以羣이며 可以怨이며 邇之事父며 遠之事君이오 多識
於鳥獸草木之名이니라.

10. 《시경》의 주남 소남의 시를 공부했느냐?

공자가 아들 백어에게 말했다.

"너는《시경》의 주남과 소남편의 시를 공부했느냐? 사람으
로서 주남과 소남을 공부하지 않으면 마치 담 앞에 서있는
듯이 앞으로 갈 수가 없다."

子謂伯魚曰, 女爲周南召南矣乎아? 人而不爲周南召南이
면 其猶正牆面而立也與인저.

11. 예악은 형식만이 아니다

공자가 말했다.

"예라고 하는 뜻이 구슬이나 비단만을 말하겠느냐? 음악이
라고 하는 뜻이 종이나 북만을 말하겠느냐?"

子曰, 禮云禮云이나 玉帛云乎哉아? 樂云樂云이나 鐘鼓
云乎哉아?

12. 겉으로 장엄하나 속이 약한 사람

공자가 말했다.

"얼굴 표정은 장엄하면서 속이 약한 사람을 소인에 비유하면
담을 뚫고 넘나드는 도적 같으니라."

子曰, 色厲而內荏을 譬諸小人컨대 其猶穿窬之盜也與인저.

13. 소인들이 받드는 선인은 도적과 같다

공자가 말했다.

"마을의 속인들이 받드는 선인은 결국 덕을 해치는 도적
이다."

子曰, 鄕原은 德之賊也니라.

14. 길바닥의 말 속에는 덕이 없다

공자가 말했다.
"길에서 저속한 말을 듣고 길에서 옮겨 말하는 것은 곧 덕을
버리는 것과 같다."

子曰, 道聽而塗說이면 德之棄也니라.

15. 천한 사람과 함께 임금을 섬기지 못한다

공자가 말했다.
"천박한 사람과는 함께 임금을 섬길 수 없다. 그들은 이득을
얻지 못하면 얻을 걱정만 하고, 얻으면 잃을까봐 걱정을 한
다. 잃을까봐 걱정을 하면 (안 잃으려고) 못하는 짓이 없다."

子曰, 鄙夫는 可與事君也與哉아 其未得之也면 患得之하
고 旣得之하얀 患失之하나니 苟患失之면 無所不至矣니라.

16. 결점조차 옛날과 다르다

공자가 말했다.
"옛사람들은 세 가지 결점을 가지고 있었으나, 오늘에는 그
것마저 없어진 것 같다. 옛날에는 미쳐도 방자했으나 오늘에

는 방탕하게 미친다. 옛날에는 자기 자랑을 해도 깨끗하게 했으나 오늘에는 분노와 싸움질로 자기 자랑을 한다. 옛날에는 어리석어도 우직했으나 오늘에는 어리석은 척하면서 남을 속인다."

子曰, 古者 民有三疾이러니 今也 或是之亡也로다. 古之狂也肆러니 今之狂也蕩이오 古之矜也廉이러니 今之矜也忿戾요 古之愚也直이러니 今之愚也詐而已矣로다.

17. 겉을 꾸미는 사람은 인이 없다

공자가 말했다.
"듣기 좋게 말을 하고 보기 좋게 표정을 꾸미는 사람은 인심(仁心)이나 인덕(仁德)이 없다."

子曰, 巧言令色이 鮮矣仁이라.

18. 입빠른 말이 나라를 뒤엎는 것을 미워한다

공자가 말했다.
"자주색이 붉은색을 빼앗는 것을 미워하며, 정나라의 음탕한 음악이 우아한 아악을 문란케 하는 것을 미워하며, 입빠른 자의 말이 나라를 뒤엎는 것을 미워한다."

子曰, 惡紫之奪朱也하며 惡鄭聲之亂雅樂也하며 惡利口

之覆邦家者하노라.

19. 하늘이 무슨 말을 하더냐?

공자가
"나는 말을 하지 않겠다."
라고 하자 자공이 아뢰었다.
"선생님께서 말씀을 하지 않으시면 저희들은 무엇에 의거해
서 도를 말하고 또 전하겠습니까?"
그러자 공자가 말했다.
"하늘이 무슨 말을 하더냐? 사계절이 바뀌어 돌고 만물이
살아서 자라지만 하늘이 무슨 말을 하더냐?"

子曰, 予欲無言하노라. 子貢曰, 子如不言이시면 則小子何
述焉이리이꼬? 子曰, 天何言哉시리오? 四時行焉하며 百物生
焉하나니 天何言哉시리오?

20. 사자에게 음악을 듣게 하다

유비가 공자를 뵈려고 했으나 공자는 몸이 아프다는 핑계로
사절했다. 그러나 유비의 명을 전하러 온 사자가 문 밖으로 나
가자 공자는 거문고를 타고 노래하며 그 사자에게 들려주었다.

孺悲 欲見孔子어늘 孔子辭以疾하시고 將命者出戶어늘 取

鼓瑟而歌하사 使之聞之하시다.

※ ○孺悲(유비)-노(魯)나라 사람. 애공(哀公)의 신하로, 애공의 명을 받아 공자에게 상례(喪禮)에 대해 배운 일이 있다.

21-1. 3년은 너무 길다

재아가 물었다.

"3년의 복상은 기한이 너무 오래입니다. 군자가 3년이나 예를 지키지 못하면 예가 무너지고, 3년이나 음악을 울리지 않으면, 음악이 시들 것입니다. 그러니 이미 묵은 곡식이 없어지고 새 곡식이 상에 올라오고 또 불씨를 일으키는 수나무를 바꾸어 새로 뚫어 새 불씨를 피우는 것처럼 (복상도) 1년으로 끝내는 것이 좋지 않습니까?"

宰我 問, 三年之喪이 期已久矣로소이다. 君子 三年不爲禮면 禮必壞하고 三年不爲樂이면 樂必崩하리라. 舊穀이 旣沒하고 新穀이 旣升하며 鑽燧改火하나니 期可已矣로소이다.

21-2. 마음에 편하면, 그렇게 하라

공자가 되물었다.

"(그렇게 1년으로 거상을 마치고) 쌀밥을 먹고, 비단옷을 입어도 네 마음에 편하겠느냐?"

재아가

"편합니다."

하고 대답하자, 공자가 말했다.

"네 마음에 편하거든 그렇게 해라. 원래 군자는 상중에 있을 때는 맛있는 음식을 먹어도 달지 않고 음악을 들어도 즐겁지 않고 안락하게 있어도 편하지 않기 때문에, 그렇게 하지 않는 것이다. 그러나 마음에 편하다면 그렇게 해라."

子曰, 食夫稻하며 衣夫錦이 於女安乎아? 曰, 安하이다. 女安則爲之하라. 夫君子之居喪에 食旨不甘하며 聞樂不樂하며 居處不安이라. 故로 不爲也하니라 今女安則爲之하라.

21-3. 부모의 사랑을 받았을 터인데

재아가 나가자, 공자가 말했다.

"여는 참으로 어질지 못하구나. 자식이 태어나 3년이 되어야 비로소 부모의 품에서 벗어나듯이 부모의 상을 3년 모시는 것은 천하에 공통된 예법이다. 여도 자기 부모로부터 3년 동안 사랑을 받았을 터인데!"

宰我出커늘 子曰, 予之不仁也여 子生三年然後에 免於父母之懷하나니 夫三年之喪은 天下之通喪也니 予也 有三年之愛於其父母乎아.

22. 마음 쓰는 일이 없으면 딱하다

공자가 말했다.

"하루 종일 배불리 먹기만 하고 마음 쓰는 일이 없으면 참으로 딱하다. 주사위나 바둑이 있지 않으냐? 차라리 그런 내기라도 하는 편이 안하는 것보다 좋을 것이다."

子曰, 飽食終日하야 無所用心이면 難矣哉라. 不有博奕者乎아 爲之猶賢乎已니라.

23. 용맹하고 도의가 없으면 도둑질을 한다

자로가

"군자는 용맹을 높입니까?"

하고 묻자 공자가 말했다.

"군자는 도의를 으뜸으로 한다. 군자가 용맹하고 도의가 없으면 난을 일으키고 소인이 용맹하고 도의가 없으면 도둑질을 하게 된다."

子路曰, 君子尚勇乎이꼬? 子曰, 君子義以爲上이니 君子有勇而無義면 爲亂이오 小人有勇而無義면 爲盜니라.

24-1. 군자도 미워하는 것이 있다

자공이

"군자도 미워하는 것이 있습니까?"

하고 묻자 공자가 말했다.

"미워하는 것이 있다. 남의 잘못을 떠들어대는 것을 미워하고, 아래 있는 사람이 윗사람을 비방하는 것을 미워하고, 용맹하게 날뛰고 예절을 지키지 않는 것을 미워하고, 과감하지만 꽉 막혀 사리에 통하지 않는 것을 미워한다."

子貢曰, 君子亦有惡乎이꼬? 子曰, 有惡하니 惡稱人之惡者하며 惡居下流而訕上者하며 惡勇而無禮者하며 惡果敢而窒者니라.

24-2. 자공이 미워하는 것

공자가

"사야! 너도 미워하는 것이 있느냐?"

하고 묻자, 자공이 대답했다.

"엿보고 아는 척하는 사람을 미워하고, 불손한 태도를 용감하다고 생각하는 사람을 미워하고, 남의 비밀을 폭로하는 것을 강직하다고 생각하는 사람을 미워합니다."

曰, 賜也 亦有惡乎아? 惡徼以爲知者하며 惡不孫以爲勇

者하며 惡訐以爲直者하노이다.

25. 여자와 소인은 다루기 어렵다

공자가 말했다.
"여자와 소인은 다루기 어렵다. 가까이하면 공손치 않고, 멀리하면 원망한다."

子曰, 唯女子與小人이 爲難養也니 近之則不孫하고 遠之
則怨이니라.

26. 40세에 미움을 사면 안된다

공자가 말했다.
"나이 40이 되어 남에게 미움을 사면 (인격적으로) 더 볼 것
이 없다."

子曰, 年四十而見惡焉이면 其終也已니라.

제18편 미자편(微子篇)

1. 은(殷)나라의 세 인자

미자는 떠났고, 기자는 종으로 가장하여 숨었고, 비간은 간하다가 죽었다. 공자가 말했다.

"은(殷)나라에는 세 인자가 있었다."

微子는 去之하고 箕子는 爲之奴하고 比干은 諫而死하니라. 孔子曰, 殷有三仁焉하니라.

2. 세 번이나 쫓겨난 재판관, 유하혜

유하혜가 노나라의 재판관이 되었다가 세 번이나 자리에서 쫓겨났다. 어떤 사람이,

"그대는 아직도 노나라를 버리고 떠나지 않으려오?"

하고 묻자 그는 대답했다.

"도를 곧게 지키고 사람을 다스리면 어디에 간들 세 번을 쫓겨나지 않겠는가? 반대로 도를 굽히고 사람을 다스릴 바에야 반드시 우리 부모님의 나라를 떠날 이유가 있겠소 이까?"

> 柳下惠 爲士師하야 三黜이어늘 人이 曰, 子未可以去乎 아? 曰, 直道而事人이면 焉往而不三黜이며 枉道而事人이면 何必去父母之邦이리오?

※ ○柳下惠(유하혜)—노(魯)나라의 대부(大夫).

3. 제나라의 경공과 공자

제나라의 임금 경공이 공자에 대한 대우를 논의할 때 말했다.

"계씨같이 최고로는 대우하지 못하지만, 계씨와 맹씨의 중간 정도로는 대우하겠소."

(그러나 후일)

"내가 너무 늙어서 쓸 수 없소."

라고 말을 바꾸자 공자가 제나라를 떠났다.

> 齊景公이 待孔子曰, 若季氏 則吾不能이어니와 以季孟之 間으로 待之호라 하고 曰, 吾老矣라 不能用也라한대 孔子 行하시다.

4. 계환자가 풍악놀이를 즐겼다

제나라 사람이 미녀와 풍악놀이를 보내왔다. 노나라 계환자
가 이를 받아들이고 즐겼으며 사흘 동안이나 조례를 보지 않았
다. 이에 공자는 벼슬을 버리고 노나라를 떠났다.

　　齊人이 歸女樂이어늘 季桓子受之하고 三日不朝한대 孔子
行하시다.

5. 초나라의 미치광이 접여

초나라의 미치광이 접여가 공자 앞을 지나가며 노래했다.
"봉황새야, 봉황새야, 어찌 덕이 그리도 쇠했느냐! 지난 일
은 간할 수 없거니와 앞으로는 바르게 좇을 수 있다고 했다.
그러나 가망이 없으니 그만둘지어다. 오늘 정치에 참여하는
사람은 위태롭기만 할 것이다."
공자가 수레에서 내려 그와 함께 말하려고 했으나 그가 재빠
르게 몸을 피했으므로 말을 하지 못했다.

　　楚狂接輿 歌而過孔子 曰, 鳳兮鳳兮여 何德之衰오. 往者
는 不可諫이어니와 來者는 猶可追니 已而已而이다. 今之從
政者 殆而니라. 孔子下하사 欲與之言이러시니 趨而辟之하니
不得與之言하시다.

※ ㅇ楚狂接輿(초광접여)—초나라 사람으로 미친 척하고 난세를 한 탄하며 숨어 산 은사(隱士). 성은 육(陸), 이름은 통(通), 자가 접여 이다.

6-1. 장저(長沮)의 말

장저와 걸익이 짝을 지어 밭갈이를 하는데 공자가 지나가다 가 자로를 시켜 나루터를 물었다. 장저가,

"저 고삐를 잡고 있는 분이 누구시오?"

하자, 자로가

"공구이시오."

했다. 그러자 장저가

"바로 노나라 공구이시오?"

하고 이에 자로가

"그렇소."

하고 대답하자, 장저가 말했다.

"그렇다면, 그분이 나루터를 알 것이오"

> 長沮桀溺이 耦而耕이어늘 孔子過之하실새 使子路로 問津
> 焉하신대 長沮曰, 夫執輿者 爲誰오? 子路曰, 爲孔丘시니라.
> 曰, 是魯孔丘與아? 曰, 是也시니라. 曰, 是知津矣니라.

※ ㅇ長沮桀溺(장저걸익)—장저와 걸익. 모두 세상을 피하여 살던 은사(隱士)들이다.

6-2. 걸익(桀溺)의 말

자로가 걸익에게 묻자, 걸익이 되물었다.

"당신은 누구요?"

"나는 중유라 하오."

하고 대답하자, 걸익이,

"바로 당신이 노나라 공구의 제자요?"

하고 반문했다. 자로가

"그렇소."

라고 하자, 걸익이 말했다.

"지금 세상은 무도함이 도도히 물 흐르듯 하는데, 그 누가 고칠 수 있겠소? 또 당신도 사람을 가리고 피하는 공구를 따라다니는 것보다, 우리처럼 세상을 피해서 숨어 사는 은사를 따르는 것이 어떠하오?"

이렇게 말하고 걸익은 써레질을 그치지 않고 계속했다.

問於桀溺한대 桀溺이 曰, 子爲誰오? 曰, 爲仲由로라. 曰, 是魯孔丘之徒與아? 對曰, 然하다. 曰, 滔滔者 天下皆是也니 而誰以易之리오? 且而與其從辟人之士也론 豈若從辟世之士哉리오 하고 耰而不輟하더라.

6-3. 사람은 새와 짐승과 어울려 살지 못한다

자로가 돌아와서 고하자 공자가 한탄하며 말했다.
"사람은 새나 짐승과 어울려 살 수 없으며, 어디까지나 사람
들과 더불어 살아야 한다. 그러니 (사람을 피하면) 누구와
더불어 살겠느냐? 천하에 도가 행해지면 내가 구태여 변혁
하고자 애를 쓰겠느냐?"

子路 行以告한대 夫子憮然日, 鳥獸는 不可與同羣이니 吾
非斯人之徒與요 而誰與리오? 天下有道면 丘不與易也니라.

7-1. 지팡이에 삼태기를 짊어진 늙은 은자

자로가 공자를 수행하다가 뒤처졌다. 마침 지팡이에 삼태기
를 짊어진 노인을 만나자, 자로가 물었다.
"선생님을 못 보셨습니까?"
"사지를 움직이지 않고, 오곡도 나눠 심지 않고 (떠돌아다니
는 처지에) 누구를 보고 선생이라 하시오."
노인은 이렇게 말하고 지팡이를 땅에 꽂아놓고 김을 맸다.
자로가 공손한 태도로 손을 모으고 곁에 서있었다.
그러자 노인은 자로를 자기 집에 재우면서 닭을 잡고 기장
밥을 지어 대접하고 또 자기의 두 아들을 보여주었다. 이튿날
자로가 공자에게로 가서 고하자 공자는

"그는 은자다."

라고 말하고 자로를 되돌려보내며 그를 다시 찾아보게 했다.
그러나 그는 이미 어디론가 가고 없었다.

> 子路 從而後러니 遇丈人이 以杖荷蓧하야 子路問曰, 子
> 見夫子乎아? 丈人이 曰, 四體를 不勤하며 五穀을 不分하나
> 니 孰爲夫子오 하고 植其杖而芸하더라. 子路 拱而立한대 止
> 子路宿하야 殺雞爲黍而食之하고 見其二子焉언이어늘 明日
> 에 子路行하야 以告한대 子曰, 隱者也로다 하시고 使子路로
> 反見之하시니 至則行矣러라.

7-2. 군자의 출사는 의를 행하기 위해서다

자로는 (노인이 없으므로 아들들에게 공자의 말을 다음과 같
이) 전했다.

"만약에 모든 선비가 출사(出仕)하지 않는다면 의(義)를 세
울 수 없다. 장유(長幼)간의 예절을 폐할 수 없다면 어찌 군
신(君臣)간의 의를 폐할 수 있겠는가? 자기 한 몸을 깨끗이
하려고 (숨어 사는 것은 곧) 큰 윤리를 문란케 하는 것이 된
다. 군자가 출사하는 것은 의를 행하기 위해서이다. 도가 이
루어지지 않고 있음은 나도 벌써부터 잘 알고 있다."

> 子路 曰, 不仕無義하니 長幼之節을 不可廢也니 君臣之
> 義를 如之何其廢之리오? 欲潔其身 而亂大倫이로다. 君子之
> 仕也는 行其義也니 道之不行은 已知之矣시니라.

8. 일곱 사람에 대한 공자의 평

뛰어난 사람은 '백이·숙제·우중·이일·주장·유하혜·소
련' 일곱 사람이다. 공자가 말했다.
"자기의 뜻을 굽히지 않고 또 자기의 몸을 욕되게 하지 않은
사람은 백이와 숙제일 것이다."
유하혜와 소련을 평해서 말했다.
"뜻을 굽히고 몸을 욕되게 했으나 말이 조리에 맞고 행동이
깊은 생각에 맞았으니 그 점에서 옳았다."
우중과 이일을 평해 말했다.
"은거하면서도 큰소리를 쳤으나 그들의 처신이 청렴했고 세
상을 버리는 품이 적절했다. 그러나 나는 이들과 다르다. 가
도 없고 불가도 없다."

> 逸民은 伯夷와 叔齊와 虞仲과 夷逸과 朱張과 柳下惠와
> 少連이니라. 子曰, 不降其志하며 不辱其身은 伯夷叔齊與인
> 저. 謂柳下惠少連하사대 降志辱身矣니 言中倫하며 行中慮
> 하니 其斯而已矣니라. 謂虞仲夷逸하사대 隱居放言하나 身中
> 淸하며 廢中權이니라. 我則異於是하야 無可無不可호라.

9. 사방으로 흩어져 간 악사(樂師)

(노나라가 어지러워지자 여러 악사들이 사방으로 흩어졌다)

태사 지는 제나라로 갔고, 아반 간은 초나라로 갔고, 삼반 요는 채나라로 갔고, 사반 결은 진나라로 갔고, 북을 치는 방숙은 하내로 들어갔고, 작은 북을 흔드는 무는 한중으로 들어 갔고, 소사 양과 경쇠를 치는 양은 섬으로 갔다.

大師摯는 適齊하고 亞飯干은 適楚하고 三飯繚는 適蔡하고 四飯缺은 適秦하고 鼓方叔은 入於河하고 播鼗武는 入於漢하고 少師陽과 擊磬襄은 入於海하니라.

10. 주공의 훈계

주공이 그의 아들 노공에게 말했다.
"군자는 일가 친척을 소홀히 하지 말며 대신으로 하여금 자기를 써주지 않는다는 원한을 품게 하지 말며 원로 공신은 큰 죄가 아니면 버리지 말고 또 한 사람에게 모든 것이 갖추어지기를 구하지 마라."

周公이 謂魯公曰, 君子 不施其親하며 不使大臣으로 怨乎不以하며 故舊無大故 則不棄也하며 無求備於一人이니라.

11. 주나라에 있었던 여덟 명의 선비

주나라에 여덟 명의 선비가 있었다. 백달과 백괄과 중돌과 중홀과 숙야와 숙하와 계수와 계왜이다.

周有八士하니 伯達과 伯适과 仲突과 仲忽과 叔夜와 叔夏
와 季隨와 季騧니라.

제19편 자장편(子張篇)

1. 위급하면 생명을 바치다

자장이 말했다.

"선비는 위태로움을 보면 생명을 바치고, 이득을 보면 도의를 생각해야 한다. 제사 때에는 공경하고 상례 때에는 애통해야 한다. 그래야 비로소 가하다."

子張曰, 士 見危致命하며 見得思義하며 祭思敬하며 喪思哀면 其可已矣니라.

2. 덕을 넓히고 독실하게 도를 믿어라

자장이 말했다.

"덕을 지니고 있으면서 남에게 넓히지 않고 도를 믿고 실천함이 독실하지 못하면 어찌 도나 덕을 가졌다, 혹은 안 가졌다고 말할 수 있겠느냐?"

子張曰, 執德不弘하며 信道不篤이면 焉能爲有며 焉能爲亡이리오?

3. 친구 사귀는 도리

자하의 문인이 자장에게 친구 사귀는 도리를 묻자, 자장이 되물었다.

"그대의 선생 자하는 무어라고 하더냐?"

이에 문인이 대답했다.

"(저의 자하 선생은) '좋은 사람과는 사귀되, 좋지 못한 사람은 거절하라'고 말했습니다."

그러자 자장이 말했다.

"내가 들은 바와는 다르구나. 군자는 현명한 사람을 존중하지만 또한 일반 사람들도 넓게 받아들인다. 선량한 사람을 칭찬하지만 또한 무능한 사람도 긍련히 여긴다. 만약 내가 크게 현명하면 누구나 다 받아줄 것이다. 그러나 내가 현명하지 못하면 남들이 나를 거절할 것이니, 어찌 남을 거절할 수 있겠느냐?"

子夏之門人이 問交於子張한대 子張이 曰, 子夏 云何오?

對曰, 子夏曰, 可者를 與之하고 其不可者를 拒之라 하더이
다. 子張이 曰, 異乎吾所聞이로다. 君子는 尊賢而容衆하며
嘉善而矜不能이니 我之大賢與인댄 於人에 何所不容이며
我之不賢與인댄 人將拒我니 如之何其拒人也리오?

4. 작은 도에도 볼 만한 점이 있다

자하가 말했다.

"비록 작은 도에도 반드시 볼 만한 점이 있다. 그러나 원대
한 뜻을 이루는 데에 (혹시라도) 장애가 될 수 있으므로 군
자는 힘써 배우지 않는 것이다."

子夏曰, 雖小道나 必有可觀者焉이어니와 致遠恐泥라 是
以로 君子不爲也니라.

5. 날마다 모르던 바를 알다

자하가 말했다.

"날마다 모르던 바를 알고 달마다 능히 하던 바를 잊지 않고
행하면 가히 배우기 좋아한다고 말할 수 있다."

子夏曰, 日知其所亡하며 月無忘其所能이면 可謂好學也
已矣니라.

6. 박학독지(博學篤志) 절문근사(切問近思)

자하가 말했다.

"넓게 배우고 뜻을 독실하게 세우고 또 절실하게 묻고 가까이 생각하면 인덕이 그 속에서 저절로 나타난다."

子夏曰, 博學而篤志하며 切問而近思하면 仁在其中矣니라.

7. 군자는 학문으로 도를 실현한다

자하가 말했다.

"모든 기능공은 작업 현장에서 일을 성취하지만, 군자는 학문을 가지고 도를 실현한다."

子夏曰, 百工이 居肆하야 以成其事하고 君子 學以致其道니라.

8. 소인은 잘못을 얼버무린다

자하가 말했다.

"소인들은 잘못을 하면, 반드시 얼버무려 속이려고 한다."

子夏曰, 小人之過也는 必文이니라.

9. 군자의 태도는 세 가지로 다르게 나타난다

자하가 말했다.

"군자의 태도는 세 가지로 다르게 나타난다. 외모를 바라보면 엄숙하고, 가까이 접하면 온화하고, 말을 들으면 바르고 엄격하다."

子夏曰, 君子 有三變하니 望之儼然하고 卽之也溫하고 聽其言也厲니라.

10. 신임을 받은 다음에 백성을 부려야 한다

자하가 말했다.

"군자는 신임을 받은 다음에 백성들을 부려야 한다. 신임을 받지 못하고 백성들을 부리면, 자기들을 혹독하게 괴롭힌다고 생각한다. 또 신임을 받은 다음에 충간해야 한다. 신임을 받지 못하고 충간하면, 자기를 비방하는 줄로 생각한다."

子夏曰, 君子信而後勞其民이니 未信則以爲厲己也니라. 信而後諫이니 未信則以爲謗己也니라.

11. 큰 덕은 규범을 넘으면 안된다

자하가 말했다.

"큰 덕은 그 규범을 넘으면 안된다. 그러나 작은 덕은 약간 넘날 수 있다."

子夏曰, 大德不踰閑이면 小德出入可也니라.

12. 군자의 도를 차근차근 다 배워야 한다

자유가 말했다.

"자하의 제자들은 물 뿌리고 마당 쓸고 응대하고, 진퇴하는 일은 잘 알지만 그것들은 말단적인 일이며 본질적인 것을 알지 못하니 어찌하지요?"

자하가 이 말을 듣고 말했다.

"아! 자유의 생각은 잘못이다. 군자의 도는 어느 것은 먼저 가르치고 어느 것은 뒤로 돌리고 소홀히 해도 되는 것이 아니다. 비유하자면, 초목을 종류에 따라 하나하나 키우듯이 (사람에 따라 가르침의 선후를 다르게 할 수 있다) 또 군자의 도를 어찌 속임수로 일시에 다 알게 할 수 있겠느냐? (각자의 소질과 정도에 따라 차근차근 배우고 알게 해야 한다) 처음과 끝을 일시에 터득하는 사람은 바로 성인이니라."

子游曰, 子夏之門人小子는 當洒掃應對進退則可矣나 抑末也라 本之則無하니 如之何오? 子夏聞之 曰, 噫라 言游過矣로다. 君子之道 孰先傳焉이며 孰後倦焉이리요. 譬諸草木컨댄 區以別矣니 君子之道를 焉可誣也리요. 有始有卒者

는 其唯聖人乎인저.

13. 배우고 여력이 있으면 출사한다

자하가 말했다.

"출사하고 여력이 있으면 배우고, 여력이 있으면 출사한다."

子夏曰, 仕而優則學하고 學而優則仕니라.

14. 상례에는 슬픔을 다하라

자유가 말했다.

"상례는 진심으로 슬픔을 다하면 된다."

子游曰, 喪은 致乎哀而止니라.

15. 어려운 일을 잘해도 아직 인의 경지는 아니다

자유가 말했다.

"나의 벗 자장은 어려운 일을 잘한다. 그러나 아직 인의 경
지는 아니다."

子游曰, 吾友張也 爲難能也나 然而未仁이니라.

16. 함께 인을 성취하기는 어렵다

증자가 말했다.

"당당하구나 자장은, 그러나 함께 인을 성취하기는 어렵다."

曾子曰, 堂堂乎라 張也여 難與竝爲仁矣라.

17. 부모의 상례에는 정성을 다한다

증자가 말했다.

"나는 선생님의 말씀을 들은 바 있다. '사람이 자진해서 정성을 쏟는 경우는 별로 없다. 그러나 저마다 부모의 상례에는 반드시 정성을 다한다.'"

曾子曰, 吾聞諸夫子호니 人未有自致者也나 必也親喪乎 인저.

18. 맹장자의 효도

증자가 말했다.

"나는 선생님의 말씀을 들은 바 있다. '맹장자는 효도했다. 다른 점은 아무나 할 수 있지만 그가 선친의 가신을 그대로 두고 또 정치의 방식을 고치지 않고 그대로 지킨 점은 남들이 따르기 어려운 것이다.'"

曾子曰, 吾聞諸夫子호니 孟莊子之孝也는 其他可能也어
니와 其不改父之臣與父之政이 是難能也라 하시니라.

19. 백성들을 긍휼히 여겨라

맹손씨가 양부를 사사로 삼자 양부가 증자에게 와서 물었다.
이에 증자가 말했다.

"윗사람이 바른 도를 잃고 백성들이 흩어진 지 오래되었다.
만약 백성들의 잘못한 실정을 다스리는 경우에도 그들을 긍
휼히 여기되, 기뻐하지 마라."

孟氏使陽膚로 爲士師라 問於曾子한대 曾子曰, 上失其道
하야 民散이 久矣니 如得其情 則哀矜而勿喜니라.

20. 군자는 하류에 처하기를 싫어한다

자공이 말했다.

"은나라 주왕의 악덕은 그렇게까지 심하지 않았을 것이다.
그러므로 군자는 하류에 처하기를 싫어한다. 천하의 모든 악
이 다 돌아오기 때문이다."

子貢曰, 紂之不善이 不如是之甚也니 是以로 君子惡居
下流하나니 天下之惡이 皆歸焉이니라.

21. 군자의 잘못은 일식이나 월식과 같다

자공이 말했다.

"군자의 잘못은 일식이나 월식 같다. 잘못하면 남들이 모두 보고, 고치면 남들이 모두 우러러본다."

> 子貢曰, 君子之過也는 如日月之食焉이라. 過也에 人皆見之하고 更也에 人皆仰之니라.

22. 문왕·무왕의 도를 배우다

위나라의 대부 공손조가 자공에게,

"공자께서는 누구에게 배우셨느냐?"

라고 묻자, 자공이 말했다.

"주나라의 문왕과 무왕의 도가 아직 땅에 떨어지지 않고 사람들이 지키고 있습니다. 그러므로 현명한 사람은 큰 것을 배워 알고, 현명치 못한 사람은 작은 것을 배워 알게 마련입니다. 그 모두가 문왕·무왕의 도가 아닌 것이 없습니다. 그러니 공자께서는 누구에게나 배우지 않았겠습니까? 또 어찌 정해진 스승이 있겠습니까? (누구에게나 다 배우셨습니다)"

> 衛公孫朝問於子貢曰, 仲尼는 焉學고? 子貢曰, 文武之道 未墜於地하야 在人이라. 賢者는 識其大者하고 不賢者는 識

其小者하야 莫不有文武之道焉하니 夫子焉不學이시며 而亦
何常師之有시리오?

23. 선생님의 담은 여러 길의 높이

노나라의 대부 숙손무숙이 조정에서 다른 대부들에게,
"자공이 공자보다 현명하다."
라고 말했다. 이 말을 자복경백이 자공에게 전하자, 자공이 말
했다.

"궁궐의 담에 비유하면 나의 담은 어깨 정도의 높이로서, 담
너머로 궁궐 속의 방이나 집의 아름다움을 엿볼 수 있으나,
공자 선생님의 담은 여러 길의 높이라, 바르게 문으로 들어
가지 못하면 궁궐 속에 있는 종묘의 엄숙한 아름다움과 백관
들의 다양한 모습을 볼 수 없습니다. 그런데 그 문안에 들어
갈 수 있는 사람이 별로 없습니다. 그러므로 숙손무숙이 (잘
모르고) 그렇게 말할 만합니다."

叔孫武叔이 語大夫於朝 曰, 子貢賢於仲尼하니라. 子服景
伯이 以告子貢한대 子貢이 曰, 譬之宮牆컨대 賜之牆也는
及肩이라 闚見室家之好어니와 夫子之牆은 數仞이라 不得其
門而入이면 不見宗廟之美와 百官之富니 得其門者或寡矣라
夫子之云이 不亦宜乎아.

24. 선생님은 해나 달같이 밝고 높으신 분이다

숙손무숙이 공자를 비방하자 자공이 그에게 말했다.
"그러지 마시오. 선생님을 비방하면 아니됩니다. 다른 사람
은 현명하다 해도 언덕 같으며 누구나 넘을 수 있습니다. 그
러나 공자 선생님은 해나 달같이 밝고 높으신 분이라 다른
누구도 넘지 못합니다. 비록 남들이 자기 스스로 선생님의
가르침을 거절한다 해도 해나 달같은 선생님의 가르침에 어
찌 흠이 있겠습니까? 오히려 그 사람의 분수없음을 나타낼
뿐입니다."

　叔孫武叔이 毁仲尼어늘 子貢이 曰, 無以爲也하라. 仲尼는
不可毁也니 他人之賢者는 丘陵也라 猶可踰也어니와 仲尼
는 日月也라 無得而踰焉이니라. 人雖欲自絶이나 其何傷於
日月乎리오? 多見其不知量也로다.

25. 선생님을 따를 자 없다

진자금이 자공에게 말했다.
"그대가 겸손해서 그렇지, 공자가 어찌 그대보다 더 현명하
겠는가?"
이에 자공이 말했다.
"군자는 말 한마디로 지혜로운지 혹은 지혜롭지 못한지 알

수 있다. 그러므로 말을 삼가지 않으면 안된다. 모든 사람이
선생님을 따르지 못함은 마치 하늘에 사다리를 놓고 오를 수
없는 것과 같다. 선생님께서 나라를 맡아서 다스리신다면 옛
말에 있듯이 (다음과 같이 하실 것이다) 즉 '사람들을 일으
켜 저마다 떳떳하게 나서게 하신다. 사람들이 도를 따르고
행하게 하신다. 모든 사람이 편하고 잘살게 되므로 먼 곳의
백성들이 모여든다. 사람들이 각자 노동하고 일하며 서로 사
랑하고 화합한다. 살아서는 함께 번영하고 죽으면 서로 애통
한다' 선생님의 (경지가 이와 같이 높으시니) 다른 사람이
어찌 미치겠는가?"

　　陳子禽이 謂子貢曰, 子爲恭也언정 仲尼豈賢於子乎리오?
子貢曰, 君子一言以爲知하며 一言以爲不知니 言不可不愼
也니라. 夫子之不可及也는 猶天之不可階而升也니라. 夫子
之得邦家者인대 所謂立之斯立하며 道之斯行하며 綏之斯來
하며 動之斯和하며 其生也榮하고 其死也哀니 如之何其可
及也리오.

※ ○陳子禽(진자금)-공자의 문인. 자공의 제자라고도 한다. 성이
진(陳)이고 이름은 항(亢), 위(衛)나라 출신이었다.

제20편 요왈편(堯曰篇)

1-1. 중정(中正)의 도를 지켜라

요임금이 말했다.

"자아! 그대 순아! 하늘이 정해준 임금의 차례가 그대에게 돌아왔다. 그대는 반드시 중정(中正)의 도를 지켜라. 사해의 백성들이 곤궁하게 되면 하늘의 복록(福祿)도 영영 끝나리라."

堯曰, 咨라 爾舜아. 天之曆數在爾躬하니 允執其中하라. 四海困窮하면 天祿永終하리라.

1-2. 순도 우에게 일러주었다

순임금도 역시 (선양할 때 이 말을) 우에게 일러주었다.

舜이 亦以命禹하시니라.

1-3. 은나라 탕왕의 맹세

(은나라의 탕왕이 하나라의 마지막 걸왕을 토벌하고 천자의 자리에 오르려 할 때, 탕왕은 하늘과 제후에게 다음과 같이 맹세했다)

"변변치 못한 소자 이(履)는 감히 수소를 제물로 올리고, 빛나고 크신 상제에게 아뢰옵니다. (하늘 앞에) 죄 지은 자를 용서하지 않을 것입니다. 상제의 신하인 걸왕의 죄도 덮어 가릴 수 없으므로 상제께서 마음으로 가려 주십시오. 제가 죄짓는 것은 만방의 백성과는 상관이 없지만, 만방의 백성이 죄를 지면 그것은 곧 저의 잘못이고 죄가 됩니다."

曰予小子履는 敢用玄牡하야 敢昭告于皇皇后帝하노니 有罪를 不敢赦하며 帝臣不蔽니 簡在帝心이니이다. 朕躬有罪는 無以萬方이오 萬方有罪는 罪在朕躬하니라.

1-4. 무왕이 은나라 주왕을 칠 때의 말

(주나라 무왕이 은나라의 주왕을 칠 때에 말했다)

"우리 주나라에는 하늘이 내려주신 큰 선물이 있다. 즉 선량한 인물이 많다. 비록 지극히 친근한 사람이라도 인덕을 갖춘 사람만 못하다. 백성들에게 허물이 있다 하면 그 죄는 바로 내가 혼자 지겠다."

周有大賚하신대 善人是富하니라. 雖有周親이나 不如仁人
이오 百姓有過는 在予一人이니라.

1-5. 모든 문물제도를 혁신하다

(주나라는) 도량형을 바로잡고 문물제도를 살펴 고치고 황폐
한 여러 관서를 복구하여 가꾸었다. 이에 사방 모든 나라의 정
치와 행정이 잘되었다.

망했던 왕손들의 나라를 다시 일으켜주고 끊어졌던 대를 다
시 이어주고 숨은 인재를 등용하니 천하 만민의 민심이 주나
라로 돌아왔다.

특히 주나라가 가장 소중히 여긴 것은 백성을 잘살게 하는
민생과 아울러 죽은 사람을 정중하게 장사지내고 또 경건하게
제사 모시는 일이었다.

관대했으므로 많은 사람들이 귀속했고 신의가 있었으므로 백
성들이 신임했고 성실하고 민첩하게 했으므로 많은 공적을 세
웠으며 공평무사했으므로 모든 사람들이 마음으로 기뻐하고 따
랐다.

謹權量하며 審法度하며 脩廢官하신대 四方之政行焉하니
라. 興滅國하며 繼絶世하며 擧逸民하신대 天下之民歸心焉하
니라. 所重은 民食喪祭러시다. 寬則得衆하고 信則民任焉하고
敏則有功하고 公則説이니라.

2-1. 존오미(尊五美)하며 병사악(屛四惡)

자장이 공자에게 물었다.

"어떻게 하면 바르게 다스릴 수 있습니까?"

공자가 대답했다.

"다섯 가지 미덕을 존중하고 네 가지 악덕을 배제하면 바르게 다스릴 수 있다."

> 子張 問於孔子曰, 何如라야 斯可以從政矣니이꼬? 子曰, 尊五美하며 屛四惡이면 斯可以從政矣리라.

2-2. 다섯 가지 미덕

자장이 물었다.

"무엇을 다섯 가지 미덕이라고 합니까?"

공자가 말했다.

"군자는 백성에게 베풀어주되 허비하지 않는다. 백성에게 힘드는 일을 하게 하되 원망을 받지 않는다. 인덕(仁德) 세우기를 바랄 뿐 탐욕을 채우려 하지 않는다. 학덕(學德)을 많이 지니고 태연자약하되 남에게 거만하지 않는다. 장중하고 위엄이 있지만 남에게 각박하거나 사납게 하지 않는다."

> 子張曰, 何謂五美니이꼬? 子曰, 君子惠而不費하며 勞而

不怨하며 欲而不貪하며 泰而不驕하며 威而不猛이니라.

2-3. 미덕에 대한 자세한 설명

자장이
" '백성에게 베풀어주되 허비하지 않는다'는 무슨 뜻입니까?"
하고 묻자 공자가 말했다. (다섯 가지 미덕에 대해서 자세히
설명했다)

"백성들이 이롭다고 생각하는 바를 따라서 그들을 이롭게 해
주니, 그것이 곧 '백성에게 베풀어주되 허비하지 않음'이 아
니겠느냐? 백성들을 부려 쓸 때에 일할 만한 사람을 택해서
일을 하게 하니, 누가 원망하겠느냐? 군자는 원래 인정(仁
政)을 펴고 인덕(仁德)을 세우기를 소망한다. 그리고 뜻대
로 인덕을 세우니 또 무엇을 탐내겠느냐? (즉 인〈仁〉이 아
닌 권력이나 재물을 탐내지 않는다는 뜻)

군자는 상대방의 재물이 많으나 적으나, 권력이 크거나 작
거나 누구에게나 거만한 태도를 취하지 않는다. 그것이 곧
'태연자약하면서 교만하지 않는다'가 아니겠느냐?

군자는 옷을 입거나 관을 쓰거나 복장이나 차림을 단정히
하고 존엄한 태도로 눈을 바르게 뜨고 사물을 바라본다. 그
러므로 남들이 엄숙한 태도로 군자를 우러러보고 경외한다.
그것이 곧 '장중하고 위엄이 있지만 남에게 각박하거나 사납
게 하지 않는다'가 아니겠느냐?"

子張曰, 何謂惠而不費니이꼬? 子曰, 因民之所利而利之
니 斯不亦惠而不費乎아 擇可勞而勞之니 又誰怨이리오. 欲
仁而得仁이어니 又焉貪이리오. 君子無衆寡하며 無小大히 無
敢慢하나니 斯不亦泰而不驕乎아. 君子正其衣冠하며 尊其瞻
視하야 儼然人望而畏之하니 斯不亦威而不猛乎아.

2-4. 네 가지 악덕

자장이

"무엇을 네 가지 악덕이라고 합니까?"

하고 묻자 공자가 말했다.

"백성들을 가르치지 않고 죄진 사람을 사형에 처하는 것을
학정이라고 한다. 미리 훈계하지 않고 잘못된 결과를 책망하
는 것을 포악이라고 한다. 법령을 엉성하게 정하고 또 기한
을 촉박하게 한정하는 것을 적해(賊害)라고 한다. 어차피 남
에게 줄 것을, 출납을 인색하게 하는 것을 하리(下吏)의 짓
거리라 한다."

子張曰, 何謂四惡이니이꼬? 子曰, 不敎而殺을 謂之虐이요
不戒視成을 謂之暴요 慢令致期를 謂之賊이요 猶之與人也
로되 出納之吝을 謂之有司니라.

3. 천명을 알지 못하면 군자가 될 수 없다

공자가 말했다.

"천명을 알지 못하면 군자가 될 수 없다. 예를 알지 못하면 세상에서 행세할 수 없다. 말을 모르면 사람을 다스릴 수 없다."

孔子曰, 不知命이면 無以爲君子也요 不知禮면 無以立也요 不知言이며 無以知人也니라.

공자의 연보(年譜)

나이 : 기원전 : 주나라 연대 : 노나라 연대 : 공자의 행적 및 중요 사항

1세 : 기원전 551 : 周靈公 21년 : 魯襄公 22년

노(魯)나라 추읍(陬邑) 창평현(昌平縣)에서 출생, 어머니 안징재(顔徵在)가 이구산(尼丘山)에서 기도를 드리고 득자(得子). 그래서 이름을 구(丘), 자를 중니(仲尼)라 했다고 전함.《사기(史記)》〈공자세가(孔子世家)〉의 설.《춘추 삼전(春秋三傳)》인《공양전(公羊傳)》,《곡량전(穀梁傳)》은 '기원전 552년 출생'이라고 전함.

3세 : 기원전 549 : 周靈公 23년 : 魯襄公 24년

부친 숙량흘(叔梁紇) 사망, 곡부(曲阜) 근처 방산(防山)에 매장했음.
모친, 공자를 데리고 곡부 궐리(闕里)로 이주하고 가난하게 살았다.

6세 : 기원전 546 : 周靈公 26년 : 魯襄公 27년

어린 공자는 모친의 훈도를 받았다. 놀 때에도 조두(俎豆)를 진설(陳設)하고 예용(禮容)을 차렸다고 전한다.

10세 : 기원전 542 : 周景王 3년 : 魯襄公 31년

노나라 양공(襄公)이 죽고, 그의 아들 소공(昭公)이 자리에 올랐다.
제자 자로(子路) 출생, 정(鄭)나라의 자산(子産)이 명상(名相)으

로 알려졌다.

15세 : 기원전 537 : 周景王 8년 : 魯昭公 5년
학문에 뜻을 두고 덕을 닦음. '吾十有五而志於學'.《論語》

17세 : 기원전 535 : 周景王 10년 : 魯昭公 7년
모친 안징재 사망, 공자는 부친의 묘지를 알지 못했으므로 시신을 오보지구(五父之衢)에 초빈(草殯)했다. 뒤에 부친의 묘지를 알고, 모친을 합장했다.

계씨(季氏)의 잔치에 갔다가, 양호(陽虎)에게 저지당하고 돌아왔다.

19세 : 기원전 533 : 周景王 12년 : 魯昭公 9년
송(宋)나라 기관씨(亓官氏)와 결혼했다.《孔子家語》

20세 : 기원전532 : 周景王 13년 : 魯昭公 10년
아들 출생, 노나라 임금 소공(昭公)이 잉어[鯉魚]를 하사했으므로 아들 이름을 '이(鯉)', 자를 '백어(伯魚)'라 했다. 이때에 공자는 계씨(季氏)의 가신(家臣)으로 위리(委吏 : 창고를 지키는 하급 관리)가 되었다.

21세 : 기원전 531 : 周景王 14년 : 魯昭公 11년
역시 계씨(季氏)의 가신으로 승전(乘田 : 목장 관리인)이 되었다. 《논어》에서 공자는 '나는 어려서 천했다. 그래서 잡일을 할 줄 안다(吾少也賤 故多能鄙事).'라고 말했다.

27세 : 기원전 525 : 周景王 20년 : 魯昭公 17년
남쪽의 담(郯)나라 임금 담자(郯子)가 노나라에 와서, 소공을 만났다. 이때에 공자는 담자에게 고대의 관명(官名)에 대한 질문을 했다. 28세를 전후해서 공자는 사양(師襄)에게 금(琴)을 배웠다.

30세 : 기원전 522 : 周景王 23년 : 魯昭公 20년

공자의 학문과 덕행이 사회적으로 알려졌다. 《논어》에서 그는 '삼십이립(三十而立)'라고 했다. 이 무렵에 공자는 사학(私學)을 개설하고 제자들에게 강학(講學)했다.

안회(顔回 : 顔淵), 염옹(冉雍 : 仲弓), 염구(冉求 : 子有) 등의 제자가 노나라에서 출생했다.

제(齊)나라 경공(景公)이 안영(晏嬰)과 같이 노나라에 왔으며, 이때에 공자가 경공을 만나 정치를 논했다.

31세 : 기원전 521 : 周景王 24년 : 魯昭公 21년

공자, 노나라에 있었다. 제자 무마시(巫馬施 : 子期), 고시(高柴 : 子高), 복부제(宓不齊 : 子賤) 등이 출생했다.

32세 : 기원전 520 : 周景王 25년 : 魯昭公 22년

주(周) 경왕(景王)이 서거하고, 아들 개(匃)가 이어, 경왕(敬王)이라 했다.

제자 단목사(端木賜 : 子貢) 출생, 위(衛)나라 사람.

34세 : 기원전 518 : 周敬王 2년 : 魯昭公 24년

노나라 대부 맹희자(孟僖子)가 임종 직전에 아들 맹의자(孟懿子)와 남궁경숙(南宮敬叔)에게 '공자에게 예(禮)를 배우라.'고 유촉(遺囑)했다.

공자가 남궁경숙과 함께 주(周)나라 서울 낙읍(洛邑)에 가서, 노담(老聃)에게 문례(問禮)하고, 또 장홍(萇弘)에게 문악(問樂)하고 돌아왔다.

35세 : 기원전 517 : 周敬王 3년 : 魯昭公 25년

노나라의 대부인 삼환씨(三桓氏)가 참월(僭越)하게 권력을 전횡하여 노나라 왕실과의 모순이 격화되었다. 소공(昭公)이 무력으로 참월한 계손씨(季孫氏)의 당주(當主) 계평자(季平子)를 쳤다. 그러나 '계손씨, 맹손씨(孟孫氏), 숙손씨(叔孫氏)' 삼가(三家)의 연합군에게 패하고, 소공이 제(齊)나라로 망명했다.

이 무렵 공자는 '팔일무우정(八佾舞于庭)' '삼가이옹철(三家以雍徹)' 등의 말로 그들의 무례를 혹독하게 비판하고 뒤따라 제나라에 갔다. 가는 도중에 태산(泰山) 곁을 지나가다가, 무덤에서 곡하는 여인을 보고, 제자들에게 '가정맹우호(苛政猛于虎)'라고 가르쳤다.

36세 : 기원전 516년 : 周敬王 4년 : 魯昭公 26년

공자, 제(齊)나라에 있었다. 제나라의 경공(景公)이 문정(問政)하자, 공자가 '군군(君君), 신신(臣臣), 부부(父父), 자자(子子)' 및 '재물의 절약'을 권했다. 이에 경공이 칭찬하고 공자에게 봉지(封地)를 주고 등용하려고 했으나, 재상 안영(晏嬰)의 반대로 이루어지지 않았다. 당시 공자는 제에서 '소악(韶樂)'을 듣고 심취했다.

37세 : 기원전 515년 : 周敬王 5년 : 魯昭公 27년

공자, 제나라에 있었다. 제나라의 대부(大夫)가 공자를 해치려고 했으므로 노나라로 돌아왔다. 도중에서 오(吳)나라의 공자(公子) 계찰(季札)이 자기 아들의 장례를 거행하는 것을 참관했다.

공자의 제자 번수(樊須 : 子遲), 원헌(原憲 : 子思)이 출생하다.

38세 : 기원전 514년 : 周敬王 6년 : 魯昭公 28년

진(晉)나라 위헌자(魏獻子)가 현인(賢人)을 등용하고, 나라를 잘 다스리는 것을 칭찬했다. 노나라에 돌아온 공자는 정공(定公) 9년(기원전 501)까지 출사하지 않고 교학(敎學)에 전념했다.

공자의 학단(學團)이 형성되기 시작했다.

39세 : 기원전 513년 : 周敬王 7년 : 魯昭公 29년

진(晉)나라가 형법(刑法)을 새긴 동기(銅器)를 주조하자, 공자는 '도를 잃은 처사[失其度]'라고 비판했다.

40세 : 기원전 512년 : 周敬王 8년 : 魯昭公 30년
공자는 스스로 '사십이불혹(四十而不惑)'이라고 말했다. 즉 그의 학문정신과 믿고 따르려는 도(道)가 바르고 굳게 섰다는 뜻이다.
제자 담대멸명(澹臺滅明 : 子羽) 출생, 노나라 사람.

41세 : 기원전 511년 : 周敬王 9년 : 魯昭公 31년
공자가 제나라에서 돌아온 지 10년이 되며, 빈곤하게 살면서 교학(教學)에만 몰두했다.
제자 진항(陳亢 : 子禽) 출생, 진(陳)나라 사람.

42세 : 기원전 510년 : 周敬王 10년 : 魯昭公 32년
국외로 망명한 노나라 소공(昭公)이 사망했다. 전권을 쥐고 있던 계손씨(季孫氏)가 소공의 동생 공자(公子) 송(宋)을 내세웠다. 즉 정공(定公)이다.

43세 : 기원전 509년 : 周敬王 11년 : 魯定公 1년
공자는 노나라에 있었다.
제자 공서적(公西赤 : 子華) 출생, 노나라 사람.

45세 : 기원전 507년 : 周敬王 13년 : 魯定公 3년
제자 복상(卜商 : 子夏) 출생, 위(衛)나라 사람.

46세 : 기원전 506년 : 周敬王 14년 : 魯定公 4년
제자 언언(言偃 : 子游) 출생, 오(吳)나라 사람.

47세 : 기원전 505년 : 周敬王 15년 : 魯定公 5년
제자 증삼(曾參 : 子輿) 출생, 노나라 사람.

공자는 교학(教學)에 힘썼다.

48세 : 기원전 504년 : 周敬王 16년 : 魯定公 6년

계손씨(季孫氏)의 가신 양호(陽虎)가 천권(擅權)했다. 공자는 문
란한 세상을 한탄하고, 물러나 '시(詩)·서(書)·예(禮)·악(樂)'
등의 학문을 수찬(修撰)하고 강학(講學)했으며, 문하생들의 수가
날로 증가했다.
양호가 공자를 만나고자 했으나, 공자가 피하고 안 만났다.

49세 : 기원전 503년 : 周敬王 17년 : 魯定公 7년

제자 전손사(顓孫師 : 子張) 출생, 진(陳)나라 사람.

50세 : 기원전 502년 : 周敬王 18년 : 魯定公 8년

공자 자신이 "나이 50에 천명을 알다(五十而知天命)."라고 말했
다. '지천명(知天命)'의 뜻은 크게 두 가지다. 하나는 '하늘에 의
해서 주어진 객관적인 환경이나 조건 및 국가의 현실상황을 있는
그대로 받아들인다'의 뜻이다. 다른 하나는 '도(道)를 따라 역사
문화를 선가치적(善價値的)으로 발전케 하는 것이 바로 하늘이
군자에게 명하는 사명임을 아는 것이다.' 결국 공자가 말한 '지천
명'은 바로 '학덕(學德)을 겸비한 군자를 배양해서, 인정(仁政)과
덕치(德治)를 바탕으로 선세계(善世界)를 창건하는 것이 곧 하늘
이 자기에게 준 절대명령임을 알았다.'는 뜻이다.
이때에 비읍(費邑)에서 무력 반란을 일으킨 공산불뉴(公山不狃)
가 공자를 불렀으나, 자로(子路)가 반대하여 응하지 않았다.

51세 : 기원전 501년 : 周敬王 19년 : 魯定公 9년

노나라가 양호(陽虎)를 토벌하고, 양호는 송(宋)나라를 거쳐 진
(晉)나라로 도망갔다. 공자가 출사했다. 중도(中都 : 山東省 汶上
縣)의 재(宰)가 되었다. 중도를 잘 다스려 칭송을 받았다.

제자 염로(冉魯), 조휼(曹卹), 백건(伯虔), 안고(顔高) 등이 출생.

52세 : 기원전 500년 : 周敬王 20년 : 魯定公 10년

공자가 소사공(小司空)을 거쳐, 대사구(大司寇)로 승진하고 대부(大夫)의 신분으로 재상의 일까지 섭행(攝行)했다.

노나라 정공(定公)을 수행해서 협곡(夾谷)에서 제(齊)나라 경공(景公)과 회견했다. 이때에 제나라가 무력으로 노나라 정공을 위협하는 것을 공자가 저지하고 점령당했던 토지를 되돌려 받았다.

53세 : 기원전 499년 : 周敬王 21년 : 魯定公 11년

노나라 사구(司寇)에 취임하고, 나라를 잘 다스렸다.

54세 : 기원전 498년 : 周敬王 22년 : 魯定公 12년

공자는 노나라 사구로 있었고, 제자 자로(子路)는 계손씨(季孫氏)의 가신으로 있었다. 공자는 삼환씨의 세력을 약화하기 위한 조치로, 그들의 거점인 도성(都城)을 허물게 했다. 숙손씨(叔孫氏)의 후성(郈城)과 계손씨(季孫氏)의 비성(費城)은 무난히 허물었다. 그러나 맹손씨(孟孫氏)가 무력으로 반대함으로써 결국은 공자의 정책이 실패로 돌아갔다. 이에 공자는 삼환씨의 지지를 잃고 사구를 사임했다. 한편 계손씨 밑에서 재(宰)로 있던 자로도 물러났다.

55세 : 기원전 497년 : 周敬王 23년 : 魯定公 13년

봄에 제(齊)나라에서, 여악(女樂) 80명을 노나라에 보냈다. 계환자(季桓子)와 노나라 임금은 가기(歌妓)와 무녀(舞女)들에 빠졌으며, 정사를 소홀히 했다. 한편 노나라에서 교제(郊祭)를 지내고, 공자에게 제육(祭肉)을 하사하지 않았다. 한편 삼환씨와의 사이가 더욱 악화되었다.

이에 공자는 노나라를 뒤로 하고 제자들과 같이 유력(遊歷)의 길에 올랐으며, 먼저 위(衛)나라로 갔다. 그러나 참언으로 해를 입었으므로 다시 진(陳)나라로 갔다. 가는 도중, 광읍(匡邑)에서는 그곳 사람들이 공자 일행을 양호의 무리로 착각하고 포위하는 일이 있었다. 또 포(蒲)에서는 반란에 길이 막히고 위험에 처했다. 이에 공자는 다시 위나라로 돌아왔다.

56세 : 기원전 496년 : 周敬王 24년 : 魯定公 14년

위나라에 있으면서, 위 영공(靈公)의 부인 남자(南子)를 만났다. 이를 자로가 심히 언짢게 여겼다.

57세 : 기원전 495년 : 周敬王 25년 : 魯定公 15년

노나라 정공(定公)이 죽고, 아들 애공(哀公)이 뒤를 이었다.

58세 : 기원전 494년 : 周敬王 26년 : 魯哀公 1년

공자는 위나라에 있었다. "나를 써준다면 1년이면 바로잡고, 3년이면 성과를 올린다(苟有用我者 期月而已可也 三年有成)."라고 말했다. 그러나 위나라 영공은 끝내 그를 쓰지 않았다.

59세 : 기원전 493년 : 周敬王 27년 : 魯哀公 2년

위나라의 영공이 공자에게 진법(陣法)을 묻자, 공자는 "제례(祭禮)에 대해서는 알지만 군사에 관해서는 모른다."고 대답하고, 위나라를 떠났다. 조(曹)나라를 거쳐 송(宋)나라로 가는 도중에 송의 사마환퇴(司馬桓魋)가 공자를 해치려고 했으며, 공자는 미복(微服)으로 정(鄭)나라로 피했고, 다시 진(陳)나라로 갔다.

60세 : 기원전 492년 : 周敬王 28년 : 魯哀公 3년

공자는 "육십이이순(六十而耳順)"이라고 말했다. 확고한 주체성을 가지고 남의 말을 있는 그대로 듣게 되었다는 뜻이다.
정(鄭)나라를 지나 진(陳)나라에 갔다. 이때에 제자들과 서로 흩어졌으며, 공자가 동문에서 제자들이 오기를 기다렸다. 이때의 공자를 '초상집의 개[喪家之狗]'라고 풍자한 사람이 있었다. 진의 민공(閔公)이 공자를 대우했다.

61세 : 기원전 491년 : 周敬王 29년 : 魯哀公 4년
공자, 진(陳)나라에 있었다.

63세 : 기원전 489년 : 周敬王 31년 : 魯哀公 6년
오(吳)나라가 진(陳)나라를 치려고 하자, 공자는 진을 떠나, 채(蔡)나라를 거쳐, 초(楚)나라로 가려고 했다. 그러나 진(陳)과 채(蔡) 사이에서 포위되고, 7일간이나 굶주렸다. 초(楚)나라의 도움으로 위기를 면하고, 다시 위(衛)나라로 돌아왔다. 도중에 은자(隱者)들을 만났다.

64세 : 기원전 488년 : 周敬王 32년 : 魯哀公 7년
공자는 위나라에 있으면서 정명(正名)을 주장했다.

65세 : 기원전 487년 : 周敬王 33년 : 魯哀公 8년
공자는 위나라에 있었다. 오(吳)나라가 무력으로 노(魯)나라를 치려다가 실패했다. 이때에, 공자의 제자 유약(有若)이 전공을 세웠다.

66세 : 기원전 486년 : 周敬王 34년 : 魯哀公 9년
공자는 역시 위나라에 있었다. 당시 오(吳)와 제(齊) 두 나라가 노(魯)나라를 서로 침공하려고 했으므로 불안했다.

67세 : 기원전 485년 : 周敬王 35년 : 魯哀公 10년
공자의 부인 기관씨(亓官氏)가 사망했다.

68세 : 기원전 484년 : 周敬王 36년 : 魯哀公 11년
제(齊)나라가 무력으로 노(魯)나라에 침공하자, 공자의 제자 염유(冉有)가 출전하여 격파했다. 이에 노의 실권자인 계강자(季康子)가 정중한 예(禮)로써 공자를 모셨다. 이에 공자는 14년에 걸친 방랑을 마무리하고, 노나라로 돌아왔다. 그러나 공자가 계강자가 시행하려는 전부(田賦)를 반대했으므로, 계강자는 공자를 높이 등용하지 않았다.

69세 : 기원전 483년 : 周敬王 37년 : 魯哀公 12년

14년간의 방랑생활을 마치고 노나라로 돌아왔다.

공자는 문헌을 정리하고, 시(詩)·서(書)·예(禮)·악(樂)·춘추(春秋) 등 고대의 전적을 산정(刪定) 수찬(修撰)하고, 아울러 교육 사업에 전념하여 3천 명의 제자를 배양했으며, 육예(六藝)에 통달한 사람들만 72명이 된다고 전한다.

공자의 아들 이(鯉)가 50세로 사망했다.

70세 : 기원전 482년 : 周敬王 38년 : 魯哀公 13년

공자 자신이 "70살이 되자, 마음대로 행해도 법도를 넘지 않는다(七十而從心所欲不踰矩)."라고 말했다.

수제자 안회(顔回)가 죽었으며, 그의 죽음은 공자에게 큰 타격을 주었다.

71세 : 기원전 481년 : 周敬王 39년 : 魯哀公 14년

노(魯)나라 애공(哀公)이 사냥에서 기린(麒麟)을 잡았다. 좋지 않은 징조에 공자는 "나의 길이 막혔다(吾道窮矣)."라 하고, 춘추(春秋)의 수찬을 그만두었다.

72세 : 기원전 480년 : 周敬王 40년 : 魯哀公 15년

위(衛)나라에서 정변(政變)이 발생하고, 공자의 제자 자로(子路)가 휩쓸려 죽었다. 공자는 크게 상심했다.

73세 : 기원전 479년 : 周敬王 41년 : 魯哀公 16년

병을 앓다가 4월 11일에 서거했다. 곡부(曲阜)의 북쪽 사수(泗水) 가에 매장했다. 제자들은 여막(廬幕)에서 3년간 복상했으며, 자공은 6년간 복상했다.

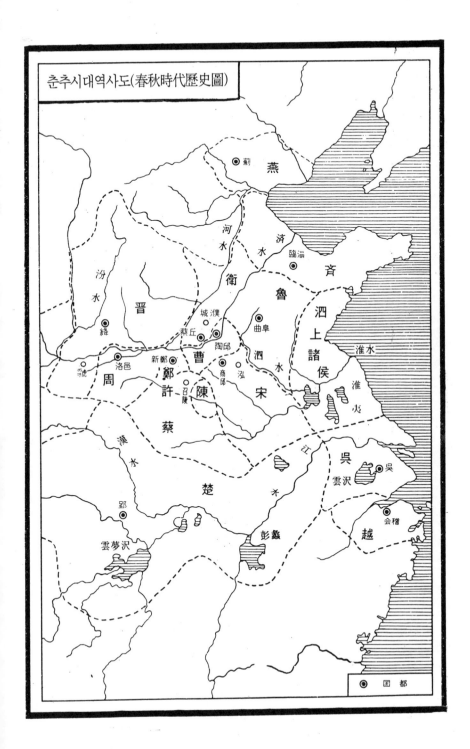

춘추시대역사도(春秋時代歷史圖)

색 인(索引)

[ㅅ]

[ㅇ]

版明圖
權文書
所堂出
有印版

新完譯 한글판 **論 語**

初版 印刷 ● 2002年　8月　26日
初版 發行 ● 2002年　9月　1日

譯著者 ● 張 基 槿
發行者 ● 金 東 求

發行處 ● 明 文 堂
　　　　서울특별시 종로구 안국동 17~8
　　　　대체　010041-31-001194
　　　　전화　(영)733-3039, 734-4798
　　　　　　　(편)733-4748
　　　　FAX 734-9209
　　　　Homepage www.myungmundang.net
　　　　E-mail　　om@myungmundang.net
　　　　등록　1977. 11. 19. 제1~148호

● 낙장 및 파본은 교환해 드립니다.
● 불허복제.

값 12,000원
ISBN 89-7270-696-5 04140
ISBN 89-7270-052-5 (세트)

新選東洋古典

新選東洋古典

新完譯 **擊蒙要訣** 金星元 譯註

新譯 **明心寶鑑** 金星元 譯著

新完譯 **小學** 金星元 譯著

新完譯 **大學·中庸** 金學主 譯著

新完譯 **孟子**(上,下) 車柱環 譯著

新完譯 **論語** 張基槿 譯著

新完譯 **詩經** 金學主 譯著

新完譯 **書經** 車相轅 譯著

新完譯 **周易** 金敬琢 譯著

新完譯 **春秋左氏傳**(全3卷) 文璇奎 譯著

新完譯 **禮記**(全3卷) 李相玉 譯著

新完譯 **古文眞寶**(前,後) 金學主 譯著

新完譯 **菜根譚** 洪自誠 原著 黃渼周 譯註

한글판 **論語** 張基槿 譯著

한글판 **孟子** 車柱環 譯著

新譯 **管子** 李相玉 譯解

新完譯 **老子** 金學主 譯解

新完譯 **近思錄** 朱憙 撰 成元慶 譯

新譯 **墨子** 金學主 譯解

新完譯 **孫子兵法** 李鍾學 譯著

新譯講讀 **四書三經** 柳正基 監修

東洋名言集 金星元 監修

新譯 **史記講讀** 司馬遷 著 진기환 譯

新譯 **列子** 金學主 譯解

新完譯 **楚辭** 屈原 著 이민수 譯

新完譯 **忠經·孝經** 金學主 譯著

新譯 **呻吟語** 呂坤 著 安吉煥 編譯

新譯 **傳習錄** 安吉煥 編譯

新完譯 **孫子·吳子** 金學主 譯

新譯 **諸子百家** 金螢洙·安吉煥 共撰譯

新譯 **戰國策** 李相玉 譯

新完譯 **六韜三略** 李相玉 譯解

新完譯 原本 **明心寶鑑講義** 金星元 譯著

新譯 **三國志故事成語辭典** 陳起煥 編

新完譯 **淮南子**(上,中,下) 劉安 編著 安吉煥 編譯

中國學 東洋思想文學 代表選集

공자의 생애와 사상 金學主 著 신국판
공자와 맹자의 철학사상 安吉煥 編著 신국판
老子와 道家思想 金學主 著 신국판
自然의 흐름에 거역하지 말라 莊子 安吉煥 編譯 신국판
仁과 中庸이 멀리에만 있는 것이드냐 孔子傳 김전원 編著
백성을 섬기기가 그토록 어렵더냐 孟子傳 安吉煥 編著
영원한 신선들의 이야기 神仙傳 葛洪稚川 著 李民樹 譯
中國現代詩研究 許世旭 著 신국판 양장
白樂天詩研究 金在乘 著 신국판
中國人이 쓴 文學概論 王夢鷗 著 李章佑 譯
中國詩學 劉若愚 著 李章佑 譯 신국판 양장
中國의 文學理論 劉若愚 著 李章佑 譯
梁啓超 毛以亨 著 宋恒龍 譯 신국판 값 4000원
동양인의 哲學的 思考와 그 삶의 세계 宋恒龍 著
東西洋의 사상과 종교를 찾아서 林語堂 著·金學主 譯
中國의 茶道 金明培 譯著 신국판
老莊의 哲學思想 金星元 編著 신국판
原文對譯 史記列傳精解 司馬遷 著 成元慶 編譯
新譯 史記講讀 司馬遷 著 진기환 譯 신국판
新完譯 淮南子(上,中,下) 劉安 編著 安吉煥 編譯 신국판
論語新講義 金星元 譯著 신국판 양장
人間孔子 李長之 著 김전원 譯

改訂增補版 新完譯 論語 張基權 譯著 신국판
中國古典漢詩人選❶ 改訂增補版 新譯 李太白 張基權 譯著
中國古典漢詩人選❷ 改訂增補版 新譯 陶淵明 張基權 譯著
개정증보판 中國 古代의 歌舞戲 金學主 著 신국판 양장
중국고전희곡선 元雜劇選 (사)한국출판인회의 이달의 책 선정도서(2002.1·2월호) 金學主 編譯 신국판 양장 값 20,000원
修訂增補 樂府詩選 金學主 著 신국판 양장
修訂新版 漢代의 文人과 詩 金學主 著 신국판 양장
漢代의 文學과 賦 金學主 著 신국판 양장
改訂增補 新譯 陶淵明 金學主 譯 신국판 양장
改訂增補版 新完譯 書經 金學主 譯著 신국판
改訂增補版 新完譯 詩經 金學主 譯著 신국판
修訂增補 墨子, 그 생애·사상과 墨家 金學主 著 신국판 양장
중국의 희곡과 민간연예 金學主 著 신국판 양장
改訂增補版 新譯 孟子(上·下) 車柱環 譯著 신국판
新完譯 論語 -경제학자가 본 알기쉬운 논어- 姜秉昌 譯註 신국판
新完譯 한글판 論語 張基權 譯著 신국판
국내최초 한글판 완역본 코란 (꾸란:이슬람의 聖典) 金容善譯註 신국판
戰國策 김전원 編著 신국판
宋名臣言行錄 鄭鉉祜 編著
基礎漢文讀解法 제34회 문화관광부 추천도서(2001.11.6) 崔完植·金榮九·李永朱·閔正基 共著
漢文讀解法 崔完植·金榮九·李永朱 共著 신국판
基本生活漢字 제33회 문화관광부 추천도서(2000.11.17) 최수도 엮음 4·6배판
東洋古典41選 安吉煥 編著 신국판
東洋古典解說 李民樹 著 신국판 양장

東洋古典原本叢書

東洋古典은
계속
출간됩니다.